程志良

用户行为专家
控感科技 创始人兼CEO

著有用户行为设计畅销书《成瘾》《锁脑》《带感》

从事用户行为研究、用户系统优化十多年,并将成瘾模式运用到了品牌打造和用户行为优化管理中。担任多家国内外知名品牌的成瘾模式顾问

创立了用户行为影响模型 "自我情感程式"
该模型弥补了大数据对用户行为分析和预测的滞后性、局限性

E-mail:okmood@163.com

控感 科技

致力于打造高精尖的全球用户中心

行为设计
运营用户生态
深度转化 交互优化
用户画像 界面优化 扩张
用户价值深化
瘾力注入 变现优化
信息优化 精准预测 用户策略
用户战略规划 定向激活
升级 智能决策 体验升级
行为研究 用户智能
逆转突破 数据分析 深控
持续增长 检测评测
用户互动优化
用户关系

扫描二维码,
关注"瘾力大师"公众号,
获取更多前沿资讯。

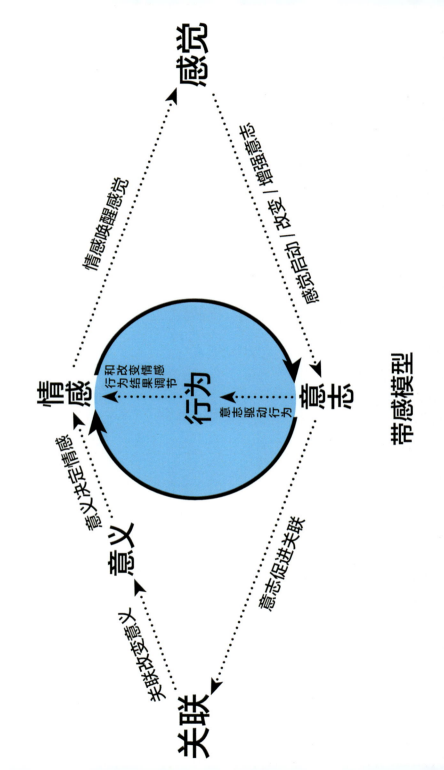

脑模式才是未来商业的新增长点

带感

程志良 著

未来的商业正在向大脑深处发展,所以我们必须要知道大脑喜欢什么,而不是研究用户需要什么,大脑喜欢的模式就是未来的商业模式。带感是有效地与大脑沟通、有效地影响大脑的方式。带感是搞定用户的一种方法,就连乔布斯也认为,科技的发展也是服务于人类的感觉的。

图书在版编目(CIP)数据

带感/程志良著 . —北京:机械工业出版社,2020.9(2024.9 重印)
ISBN 978-7-111-66347-8

Ⅰ. ①带… Ⅱ. ①程… Ⅲ. ①网络营销 Ⅳ. ① F713.365.2

中国版本图书馆 CIP 数据核字(2020)第 156210 号

机械工业出版社(北京市百万庄大街 22 号 邮政编码 100037)
策划编辑:胡嘉兴 责任编辑:胡嘉兴 李佳贝
责任校对:李 伟 责任印制:张 博
北京建宏印刷有限公司印刷
2024 年 9 月第 1 版第 3 次印刷
145mm×210mm · 7.75 印张 · 5 插页 · 187 千字
标准书号:ISBN 978-7-111-66347-8
定价:69.90 元

电话服务　　　　　　　网络服务
客服电话:010-88361066　机 工 官 网:www.cmpbook.com
　　　　　010-88379833　机 工 官 博:weibo.com/cmp1952
　　　　　010-68326294　金 书 网:www.golden-book.com
封底无防伪标均为盗版　机工教育服务网:www.cmpedu.com

前 言

商家最渴望的事情是找准用户需求，获得用户，实现用户快速增长和持续转化。但是，能真正找准用户需求的商家寥寥无几。即便是百度、京东、阿里巴巴等手中握有大量用户的企业，也面临着用户无法持续增长和深度转化的问题。

以下这串词代表着你对用户理解的不同程度。随着箭头指向的深入，你对用户的理解也会越来越深。对用户的终极理解是情感关联，当你真正理解和掌握这个概念的时候，你就能真正玩转流量和转化了。

用户 →大脑 →情感 →感觉 →关联 →情感关联

无论你对用户的理解达到了什么程度，当你开始阅读本书的时候，就已经抓住了通向用户大脑中宝藏的"矿线"。那么什么是矿线呢？矿线就是连接用户大脑中各种宝藏的线索。

比如，说到山西你一定会想到矿、醋，还有面食。因为你是靠大脑中与山西关联的事物来认识山西的。

再比如，当我告诉你，我出生在山西，你也许会问我家是不是有矿，我是不是爱吃面食或者是不是爱吃醋。你依旧是靠关联的事物来认识山西人。

总之，无论大脑解决什么问题，认识什么事物，都是在围着关联绕圈，只是启动的关联模式不同。单是上述所举的例子中，我们就已启动了大脑中的核心关联、相关关联、超感关联等多种关联模式，也就是说大脑只要在运作就是在关联。

然而，我们的大脑通过关联做出的判断不一定是正确的。还是以山西为例，事实上山西并不是每一寸土地上都有矿。在我的老家，只有周边的几座山里有矿，还有长年涌动的泉水。而临近的其他山里既没有矿也没有泉水。所以，并不是人们理解的那样，认为山西遍地是矿。但是，你的大脑别无选择，因为它就是这样运作的。大脑的运作模式决定了你对这个世界的认识和感受，而不是取决于事实是什么。

无论未来的商业多么发达，也无论它会如何发展，有一点是亘古不变的，那就是没有能够脱离人而创造出来的商业奇迹。人的决策核心就是大脑。大脑就像埋在地下的铁矿一样难以触及，是完全封闭的存在。科学家们一直以来都试图借助各种方式去解密大脑，如今大数据、人工智能等先进的技术也被运用其中。但是，无论我们借助多先进的技术来开发大脑这个宝藏，只要没有抓住关联这个核心线索，我们对大脑的掌控就只能停留在盲开、盲采的阶段。而"关联"就是与大脑中各种宝藏联结在一起的线索——矿线。可以庆幸的是，你只需要沿着本书指引的方向摸下去，就能够抓住矿线，找准用户需求——发现各种宝藏。

在开始寻宝之旅前，我们首先要感谢那些认知行为科学、脑科学、心理学领域的先行者。是他们的共同努力，使得我们在今天对大脑有了更多的认识和了解。在此我要向丹尼尔·卡尼曼、迈克尔·加扎尼加、马修·利伯曼、安东尼奥·达马西奥、约翰·巴奇等这些在脑科学领域做出贡献的科学家们致敬。正是他们的研究成果使我能站在巨人的肩上看得更远，也正是他们奠定的理论基础，使我的研究有了更加扎实的基础和起点。

真心希望在这个竞争激烈的环境下，这本书能帮助那些文案人员、营销者、运营人员、品牌管理人员、广告人、创业者、微商等从业者，真正提升他们对用户的理解和驾驭能力，把执念的种子深深地植入用户的大脑，从而提升自身、产品、品牌的竞争优势。一定要记住，你真正的优势源自对用户的驾驭能力，这是未来商业的必争之地。

目 录

前言

第一部分 情感启动：如何精准激活用户的感觉

第一章 情感启动无逻辑的冲动 …… 2
1. "脑虫"入侵 …… 3
2. 人们感受的一切是由事物所带的情感决定的 …… 8
3. 商业的本质就是制造情感关联 …… 11
4. 情感是用户区分好坏的"刀" …… 14
5. 情感是拴住用户的"锚" …… 16

第二章 用户是由感觉控制的机器 …… 19
1. 情感体验必会留下印迹躯体标记 …… 20
2. 情感印迹会触发感觉模拟 …… 24
3. 情感化的行为也在启动感觉模拟 …… 28
4. 镜像系统在模拟他人的感觉 …… 30
5. 身体的变化在影响人们的想法和感觉 …… 33

第三章 如何提炼激活用户感觉的"鲜明情感" …… 36
1. 平庸事物所带的情感混乱、不鲜明 …… 37
2. 如何提炼带有鲜明情感的理念 …… 38
3. 如何提炼带有鲜明情感的行为效果 …… 40
4. 如何提炼带有情感的感官体验 …… 47

第四章 如何设计激活用户感觉的"一致情感" 55
1. 意义与情感保持一致 56
2. 元素之间情感一致 59
3. 避免间接信息所带情感的不一致 63
4. 避免多余情感的干扰 64
5. 避免所带情感含糊不清 65

第五章 如何控制激活用户感觉的"情感强度" 67
1. 强度优先 68
2. 意志决定 71
3. 最佳表达 74

第二部分 意志驱动：如何深层操控用户的感觉

第六章 电醒脑虫 78
1. 什么是脑虫 79
2. 大脑始终寻求掌控感和实现感 82
3. 信息越深入大脑，制造的感觉就越强烈 87

第七章 唤起感觉的两种模式 91
1. 不知不觉溜进用户的大脑 92
2. 大摇大摆被请进用户的大脑 96
3. 在两种模式的动态切换中深入大脑 101

第八章 操控用户感觉的控点一：优选带入 107
1. 哪些信息会被大脑优先选择 108
2. 当用户无意识地选择信息时，把握三原则 111
3. 当用户有意识地选择信息时，把握四步骤 119

第九章　操控用户感觉的控点二：模式预制　126
1. 任何信息对大脑来说都存在关联　127
2. 大脑偏爱存在共性关联的信息　129
3. 大脑偏爱绝对关联的信息　131

第十章　操控用户感觉的控点三：脑补设定　137
1. 推理是一种超感关联　138
2. 大脑喜欢推理情感鲜明的信息　141
3. 大脑喜欢推理简单清晰的信息　143
4. 大脑喜欢推理连贯一致的信息　145
5. 大脑喜欢模式化反应　147

第十一章　操控用户感觉的控点四：想象活化　150
1. 与情景关联可以制造真实感　151
2. 与自我关联可以制造真实感　153
3. 感觉能弥合想象与现实的差距　154
4. 感觉的增强能唤醒用户的冲动　157

第十二章　操控用户感觉的控点五：体验操控　159
1. 利用完成感操控用户对目标产生期待　160
2. 利用驾驭感操控用户的行为过程　164
3. 利用满足感操控用户的体验结果　165

第十三章　操控用户感觉的控点六：更新植入　167
1. 与预期不符　168
2. 切断旧关联　170
3. 制造新鲜感　172

第十四章　调节用户感觉的按钮一：积极投入　175
　　1. 不予确定的事物使用户投入更多　176
　　2. 引发特别关注的事物使用户投入更多　178
　　3. 限制得到的事物使用户投入更多　180

第十五章　调节用户感觉的按钮二：中心聚焦　183
　　1. 聚焦就是屏蔽外界干扰　184
　　2. 让大脑关注单一对象能使用户聚焦　185
　　3. 切断干扰能使用户聚焦　187

第十六章　调节用户感觉的按钮三：对象变焦　190
　　1. 人们太在意与自我有关的事物　191
　　2. "自我怀疑"能够改变用户的想法　192
　　3. "竞争机制"能够改变用户的做法　194
　　4. "自我标记"能够改变用户的看法　195

第十七章　调节用户感觉的按钮四：目标启动　200
　　1. 人们对于那些帮助自己实现目标的
　　　 事物有无法抑制的好感　201
　　2. 启动方法一：与用户大脑中既有的
　　　 目标建立关联　203
　　3. 启动方法二：主动唤醒用户的目标
　　　 并与之建立关联　206

第三部分　路径牵引：让用户感觉精准到达的路径设计

第十八章　什么是牵引情感　210
  1. 用户的情感可以被任意牵引　211
  2. 同时出现和前后出现的事物，情感
   可以相互传染　214

第十九章　随心所欲设计牵引情感的路径　219
  1. 功能路径：扩延式的情感牵引路径　220
  2. 形象路径：最直观的情感牵引路径　222
  3. 因果路径：穿透式的情感牵引路径　225
  4. 时间路径：跨时空的情感牵引路径　227
  5. 情绪路径：最直接的情感牵引路径　230
  6. 属性路径：针对性的情感牵引路径　233
  7. 意义普及：是有效牵引情感的必经之路　234

第一部分

情感启动

如何精准激活用户的感觉

第一章
情感启动无逻辑的冲动

1. "脑虫"入侵

在人类的大脑中有一种"虫",它会不停地爬来爬去,像蜘蛛织网一样将各种事物和信息联结在一起。每当它从一个点爬到另一个点,就会在两者之间(一件事物与另一件事物)建立联结。这些"虫"建立的联结,决定了我们对这个世界的认知和感觉,也左右着我们对事物的态度和行为。这种"虫"就是关联,关联是大脑赖以存在的"脑虫",它的存在状态很像一只在不停织网的蜘蛛。这个网织得越大,大脑运转的速度就越快。人的大脑是由"脑虫"构建起来的,也是被它控制着的。

诺贝尔经济学奖得主丹尼尔·卡尼曼认为,人类的大脑就是一部"关联的机器",会无意识或有意识地为词句、观念、图像、颜色等事物赋予意义和联系。也就是说,大脑在不由自主地或刻意地在事物之间寻找关联和制造关联。大脑是一个通过关联建立起来的神经网络。我们的学习行为就是在不断地扩建大脑中的关联网络,而且大脑的关联是具有强迫性的。如果关联停止了,"大脑"也就不存在了。

接下来,让我们抓一只"脑虫"来具体分析一下,看看它是如何织网的。下面这两张照片分别是奶油蛋糕和笑脸。你认为这两者有什么关系呢?或者只是简单地把这两者放在一起,你会想到什么呢?

大多数人一定会认为小女孩是看到蛋糕而高兴,但其实这两者之间根本没有关系。这就是脑虫(关联)爬过的结果——在两者之间建立了联结。脑虫的爬行轨迹,有的是由它们自身决定的,有的是受外在影响产生的。蛋糕和女孩建立的关联就是由人为引导产生的,从而改变了你对这两者的看法。就像有研究显示,当一款漱口水的图片与美丽的自然风光图一前一后显示 6 次,就能让被试对漱口水产生好感。这就是人为设计脑虫入侵大脑的结果,目的就是为了让大脑感觉漱口水是个好东西。

脑虫自主深入

大脑中事物之间的关联是复杂的,我们很多时候并不知道这种关联是如何建立起来的,但它却能影响我们的行为。通过对用户消费行为的激活、引导、预测、影响等方面进行系统深入的研究,我们开发了一套能够高效、精准影响用户消费行为的智能推送和引导系统。而其中的一个环节,是通过分析消费者所购物品之间的关联,来预测用户的消费行为,从而更加高效地为其推荐商品。

通过研究用户同一订单里的商品,我们发现在大部分的订单中,不同商品之间存在着某种关联。比如,用户先是想买一款电压力锅,经过精挑细选最终选定了美的的一款锅。用户买这款锅有四个原因,第一因为它的品牌是美的,第二是因为它的外观设计还不错,第三是因其配有 304 不锈钢内胆,第四是因为这款锅参与了限时促销活动。在选定锅后,用户又添加了以下商品:一把水果刀,一个乐扣的保温杯,一个德国进口的不锈钢案板。你能发现这四款商品之间存在什么样的关联吗？只要能找出其中的关联，你就可以在用户浏览页面的时候，为其进行精准推荐。

通过从品牌、外观、材质、促销这四个因素对其关联性进行研究分析后，我们发现材质是这四件商品之间关联最紧密的因素。压力锅的内胆是 304 不锈钢的、水果刀是 304 不锈钢的，乐扣水杯的内胆也是 304 不锈钢的，那个德国进口的案板也同样是 304 不锈钢的。也就是说，只要我们知道了用户在选择电压力锅时最看重的关联因素，就可以通过大数据向其推荐与此因素相关的产品。这样一来，用户就会在不知不觉中购买更多的产品。大部分订单中都具有这样的相关性，但是不可思议的一点是，大部分用户都没有意识到自己购买的这些商品之间会存在这样的关联。这是由于脑虫通过自主爬行在不知不觉中影响着人们的消费行为，而我们要研究的重点之一就是脑虫自主爬行的轨迹是怎样的，主要遵循什么原则等。

脑虫外在引导

接下来，我们来看看外在人为控制脑虫的关联，是如何影响人们的行为和决策的。iPhone11 不支持 5G，还有不怎么美观的"浴霸式"摄像头设计，使得很多人都不看好 iPhone11 的销量。但事实是，这款手机发售后销售却异常火爆，人们在各大平台中的用户纷纷抢购苹果手机的场景又出现了。很多人不免会疑惑，在大家并不看好的情况下，iPhone11 的销量为什么这么好呢？

这其中我们必须要知道的是，在诸多与 iPhone11 销售火爆的关联中，哪条关联发挥着核心的、最重要的作用。在核心关联上做文章才能产生有效的营销策略和品牌战略。

第一,功能与用户的关联。普通用户对苹果手机的很多额外功能普遍是无感的,因为现有苹果手机的功能已经完全能满足用户的日常需求。比如长焦与广角镜头这种精细的技术差别,只有极少数人会在意。

第二,5G与用户的关联。现如今,5G与用户的关联并不紧密,因为5G普及的序幕毕竟才刚刚拉开,用户还没有真正体验到它与4G的差别。即便未来5G会被大规模应用,但与用户当下的需求相比较,不支持5G的问题也不算是问题。

第三,外观设计与用户的关联。虽有很多人认为"浴霸式"摄像头设计不美观,但这对于一个高端品牌手机销量的影响是微不足道的。因为用户对品牌有强烈的依附情感,会将这种设计看成为产品的一种个性和差异。比如打着两条"绷带"造型的iPhone6,起初人们也认为它很难看。但是,该款手机销量依旧火爆。所以,高端品牌手机对于普通大众消费者来说,外观并不是其核心关联。

第四,价格与用户的关联。iPhone10在取消home键的设计后,起售价定为8316元。这样的定价让大众消费者在内心认为苹果手机成了一种奢侈品,而对于花5499元就能买到最新版苹果手机的用户来说,iPhone11离用户近了不少,大部分人不用再望眼欲穿,只要踮踮脚尖就能够到。其实,是降价激活了更大的市场需求。所以,iPhone11的销量才一路高歌。对于大众消费者来说,苹果这样的高端品牌手机的价格是与他们关联最紧密的核心因素。iPhone11降价才是与其销售火爆的核心关联。苹果品牌通过iPhone11的定价策略,已经意识到了苹果手机与普通大众消费者之间的核心关联是什么。所以 2020 年刚上市的 iPhoneSE，定价更加贴近大众化。iPhoneSE 上市一周的出货量已达到 100 万台。销售火爆的背后，是苹果真正揪住了与大众消费者之间的核心关联。

此外，从表面看 iPhone11 降价销售是产品策略的问题，实际是品牌战略的问题。如果没有之前 iPhone8、iPhone10 等产品的高价战略来打造其品牌的高端形象，也不会产生 iPhone11 减价后的井喷式销量。iPhone11 的销量是苹果品牌价格战略成功的体现。

我们并不是说外观、功能、配置等因素与用户的关联不重要，而是对于一部定位高端品牌的手机来说，价格因素才是与普通大众相关的"核心关联"。对目标用户来说核心关联是带感的，是能真正影响他们行为的因素，而对其他关联因素都是无感的，这些关联因素是不能有效影响用户行为的。

大脑的关联形式纷繁复杂，带感的关联才是能对大脑产生影响的关联。比如优先关联、核心关联、绝对关联、超感关联、共性关联、情景关联、自我关联、目标关联等都是带感的关联。这些关联在大脑中发挥着不同的作用，解决着不同的问题。真正控制用户大脑运作的是这些脑虫。我们要做的就是抓住它们，深入研究它们，让它们能够为我们所用，帮助我们攻城略地。我们一定要明白关联思维才是理解大脑、理解用户行为、直达本质的路径。只要能够深入了解各种关联在大脑中是如何建立起来的，它是如何运作的。我们就可以游刃有余地设计入侵用户大脑的脑虫，从而将用户对品牌、产品以及信息的执念植入他们的大脑深处。

2. 人们感受的一切是由事物所带的情感决定的

我们先来看看上面这串符号。你喜欢它吗？如果你不知道它的含义是什么，你就很难说自己喜不喜欢它。如果我告诉你，这是一段诅咒他人的恶语，你一定不会喜欢这串符号。但如果我告诉你，这是一段能为你带来好运的祝福语，你大概就会喜欢它。

对大多数不认识这串符号的人来说，这只是一串毫无意义的代码。但对于一个懂盲文的人来说，它就是有意义的。这串符号是盲文数字"12345"，它代表的内容是由人为赋予的。正是因为我们对其赋予了意义，我们才能看懂这串符号。

我们脑子里的世界是一个被意义编码的世界。通过意义编码，外在无序、混乱的信息被一种可以理解的、稳定、有序、可感知、可操控的方式组织起来。让这个世界变得可控和可感。在人类眼中颜色是有意义的，比如，绿色代表健康、天然，蓝色代表深邃、理智等。据研究发现，颜色的饱和度也会影响人们看待品牌的感觉。颜色的饱和度越高，品牌在人们心中的活力、实力和耐用性越强，但在人们心中的成熟度和诚信度却越低。另外，音符在人们看来也是有意义的。当人们听到莫扎特的《小星星变奏曲》时，会意识到它是一段描述童趣的音乐，能感受到一种活泼欢快的氛围。同样的，不同的音符、节奏、音调也都代表着一定的意义。在人们眼中，图案也是被意义化的，比如圆形代表着圆润、饱满，三角形代表着尖锐、进取等。我们之所以能理解眼前这个世界，就是因为我们理解每个事物背后编码的意义。人类的世界是靠意义构建起来的。

以前，中国人结婚时的传统习俗是穿红色的婚服，那时很少有人穿白色的婚纱。这和人们对白色的认知有关系。在众人的眼中白色代表着晦气，因为人去世后，亡者的家人会穿白色的孝服，所以白色被赋予了一种负面的意义。而后，人们接受的西方文化越来越多，感觉结婚穿白色婚纱是件时髦的事情，这渐渐地改变了人们对白色的认知。这样的改变是由于人们对白色进行了新的意义编码，认为白色代表纯洁、神圣。对白色认知的更新，直接改变了人们对它的感觉。

人们学习的过程就是意义化的过程，而意义化就是在为事物赋予某种情感。人们接受了白色代表着纯洁、神圣的意义，这样的意义让白色在原本人们心中所带的消极负面的情感转变成了积极正面的情感。我们在上文提到过，饱和的颜色会给人充满活力和实力的感觉，《小星星变奏曲》的旋律会给人活泼欢快的感觉等。我们之所以能理解和感受到其中所带的某种感觉，是因为这些颜色和旋律被情感化了——它们带有某种鲜明的情感。事物只有在带有鲜明情感的情况下，才会唤起大脑的某种感觉，才能影响人的行为。带感是指通过设计让事物或者信息带上某种鲜明情感，从而精准有效地唤起大脑的某种感觉，最终影响和改变用户的行为。带感并不单指事物、信息带有情感，同时也指它们带有情感后所要达到的效果和目的——唤起大脑的某种感觉。只有情感而没有唤起大脑的感觉那不叫带感。带感的终极目标是启动大脑的某种感觉。带感是控制大脑对事物感知的方法论。带感是判断围绕用户所做工作是否有效的衡量标准。

人的行为是被大脑中的感觉左右和影响的。感觉对大脑来说就是当下这个世界发生的一切。比如，当你的大脑里产生痛的感觉，你的世界就充满了痛；当你的大脑里产生喜悦或者悲伤的感觉，你的世界就充满了喜悦或者悲伤……你所感受到的一切就是你的世界。你的感觉决定你是谁，决定你要做什么。

我们感受到的一切是由事物带有的情感决定的。从你对本节开头那段盲文的不同感受可以发现，当你认为它是诅咒的恶语（意义），它就带了负面的情感——不好，它让你产生一种感觉负面的情感——厌恶感。而当你认为它是一段会带来好运的祝福语，它就被赋予了正面的情感——好，它让你对其产生了一种好感——美好感。同一段盲文先后被赋予诅咒与祝福的意义，它所带的情感就不一样了。你对它的感觉也改变了，由不喜欢变得喜欢。那段盲文本身并没有任何改变，但是你对它的感觉变了。这是什么造成的呢？是情感。事物带有的不同情感会启动大脑中不同的感觉。不同的认知会让事物带有不同的情感，从而影响大脑对其的感觉。这意味着人们对这个世界的感觉是可以被操控的。因为大脑要的不是事实而更多的是一种感觉。对大脑来说，感觉是什么，它就是什么。

关联 —关联改变意义→ 意义 —意义决定情感→ 情感
　　　关联改变认知　　　　不理解无法获取情感

有研究者们在一所大学的餐厅里进行了一项长达 6 周的实验。他们把餐厅里的菜品进行了重新命名，然后观察被试们的反应。比如把"烤鸡肉""西葫芦饼"这种毫无吸引力的名字改成"鲜嫩烤鸡肉""外婆家西葫芦饼"这样好听的名字。

接下来，研究者们对菜品的销量进行了统计，同时邀请点了该菜品的顾客填写一份问卷。结果发现，美化后的菜名不仅大大增加了菜品的销量，而且也让顾客对菜品和餐厅做出了更积极的评价，同时他们对菜品的估价也更高，重复消费该菜品的意愿也更加强烈。这个实验充分说明，当我们对事物所带的情感进行人为操控的时候，会影响到人们对它的感觉。一份很普通的烤鸡肉，改一个带有鲜明情感的名字，就能让被试对其产生好感。这就是情感在决定着大脑的感觉。

3. 商业的本质就是制造情感关联

"鲜嫩烤鸡肉""外婆家西葫芦饼"与"烤鸡肉""西葫芦饼"相比，前者不是简单地对名字进行了美化，而是与某种带有鲜明情感的事物建立了一种内在的关系——情感关联。情感关联是指事物以及元素之间所带的情感，在大脑中发生了相互影响的关系。"鲜嫩"在人们大脑中的意义编码是新鲜软嫩的。"外婆家"在人们大脑中的意义编码是原汁原味的、朴实的、真诚的、地道的。这些词背后所包含的意义都带有某种鲜明的正面情感。当它们与"烤鸡肉""西葫芦饼"这样的普通名词组合在一起的时候，就在人们大脑中形成了情感关联。这种关联将"鲜嫩""外婆家"所带的鲜明情感牵引到了"炒鸡肉""西葫芦饼"中来，从而改变了人们对炒鸡肉和西葫芦饼的感觉。情感关联的最大功能是改变事物所带的情感。

关联是指事物与事物之间，在大脑中发生了互相影响的关系。也可以说，关联就是事物之间在大脑中建立起来的一种联结。剑桥大学神经心理学教授沃尔弗拉姆·舒尔茨,与同事做过一项关于猴子神经反应的试验。他们在绿灯亮起的时候让管子中流出果汁——让猴子喝到果汁。这样反复几次后,猴子看到绿灯亮起,而果汁不流出,猴子的大脑也会释放多巴胺——感到愉悦。然而,看到绿灯时,猴子并没有喝到果汁,它为什么感到高兴呢?因为猴子通过学习,在绿灯与果汁流出之间建立了联结——大脑认为绿灯亮起就很可能会有果汁流出。

人类与猴子有同样的学习机制。大脑通过学习,在各种事物之间建立起了复杂的关联。人类的大脑就是一个复杂的关联网络。在这个世界上无论你喜欢什么或者讨厌什么,都是因为大脑与你喜欢的或讨厌的某些东西存在某种关联。比如,你不喜欢一个同事,虽然你们之间并没有什么过节,但你就是莫名地不喜欢他。这其中一定是因为你的大脑将这个人的一些行为或者特征与某种负面的感觉关联在了一起。比如,他说话的样子令你讨厌,或者他的发型不好看等。很多时候,你不知道自己到底是因为什么不喜欢他。但是无论这种关联是如何建立起来的,一定有一条路径在发挥着作用。比如,他的发型与你认识的一个让人讨厌的人发型相同,而那个人很爱撒谎。你的大脑就会把这种发型与撒谎(厌恶感)关联在一起。反过来,你喜欢的事物也是这样。大脑中错综复杂的关联,时刻影响着我们对这个世界的感知。

而文案、设计、运营等和商业有关的一切工作,都是在做一件事情——制造关联。在大脑庞大而复杂的关联网络中,真正能够对大脑产生影响的是情感关联。脑神经科学家通过研究发现,人们的购买决策70%~80%是由情感决定的。从另一个角度来看,人们的大部分需求都是情感需求,而不是生存需求。情感关联是可以人为设计的,将带有某种情感的事物或者信息与产品、品牌等关联起来,就形成了情感关联。就像"鲜嫩烤鸡肉""外婆家西葫芦饼"这样的菜名一样,把"鲜嫩"与"烤鸡肉"放在一起,两者之间就建立起了情感关联——"鲜嫩"这个词带有的情感就牵引到了"烤鸡肉"上。这样一来,人们对烤鸡肉的感觉就会发生改变——变得更加喜欢。情感关联是激活和影响用户态度和看法的最根本的方法。

  情感关联首先要解决情感的问题。你要做的是,找到那些在大脑看来带有某种正面情感的元素,运用到你的产品和品牌中。这样你的产品和品牌就能带有正面的情感,大脑就会对其形成积极正面的感觉。包装设计选用的颜色,要能让产品与这种颜色带有的情感关联起来。比如,蓝色代表深邃、理性和智慧,很多科技类产品的包装喜欢用蓝色来设计,为的就是让产品和品牌带有科学严谨的感觉。可口可乐的包装设计选用红色,就是为了让产品和品牌与活力、激情的正面情感建立关联。这样一来,可口可乐就成为一个带有这种正面情感的事物,给人一种青春活力的感觉。广告文案中采用的词汇,也是为了让产品与该词所带的情感关联起来。比如,绿色食品中的绿色代表着纯天然、无公害。当产品包装设计中采用这样的字眼时,产品和品牌就与绿色这个词所带有的意义关联起来,从而给人以安全放心的感觉。产品请明星代言,也是为了让产品和品牌与明星关联起来,从而使其带有该明星所带有的气质和魅力,让用户像喜欢该明星一样去喜欢产品和品牌。在护肤品的广告中,展示模特白皙光泽的皮肤,是为了让该护肤品与健康的肤质关联起来,这样的关联为产品创造了价值。所以,情感关联就是在创造价值。其实很多时候,大脑对事物的真正价值是没有什么概念的。就像普通的"烤鸡肉",与情感鲜明的"鲜嫩"关联在一起,马上就变得"香"了起来。因此,产品和品牌价值的大小,取决于事物所带的情感。

可以说,与商业有关的一切工作都是在制造情感关联。那么为什么有些产品能成为爆品,有些品牌能成为让用户上瘾的品牌,而有些则不能呢?这是因为品牌方在产品设计和广告营销中出现了一些设计失误,要么是有关联而没有情感,要么是有情感而没有关联,没有建立起有效的情感关联。情感关联是否有效,完全取决于这种关联是否唤醒了大脑的某种感觉。没有唤醒某种感觉,就没有建立起情感关联。

关联 —关联改变意义→ 意义 —意义决定情感→ 情感 —情感唤醒感觉→ 感觉
     关联改变认知   不理解无法获取情感   带感就是要
                                         启动大脑的某种感觉

4. 情感是用户区分好坏的"刀"

我们一定要明白的是,单是意义不能影响人们的行为,不能让大脑对事物产生某种感觉。只有为事物赋予意义,让事物情感化,意义才能对人们产生实质性的影响。也就是说,如果我们能够理解事物的意义,那么我们就会知道事物所带的情感是怎样的。只有事物带有某种情感,大脑才会知道它是好是坏,才能产生某种感觉。所以意义化是情感的基础,是为了让事物变得可理解和可感受。

心理学家威廉·冯特指出,"大脑处理信息会采取'情感优先'的原则,情感指的是正面或负面感觉的细微闪念。这样的感觉会促使人们做出接近或者回避某些事物的行为。"冯特认为，人们在第一时间注意到事物的这种细微的情感反应，让人们对事物产生了是好是坏的感觉——好感或反感。这种情感反应大多数是微妙的、短暂的、模糊的。在我们没有感受到它的时候，就已经影响了我们的行为。比如，你看一个小男孩的第一眼就感觉他很可爱。你是怎么产生这种感觉的呢？是因为他肉肉的脸蛋，还是因为他水汪汪的大眼睛，又或者是因为他卷卷的头发，这些都是带感的信息，这其中的任何一条信息都可以让大脑对他产生好感。总之，是大脑中事物之间建立的情感关联，启动了大脑对他产生喜欢的感觉。对大脑来说，情感是事物存在的形式，感觉是对事物感知的结果。

简而言之，情感就是大脑对信息好坏、对错的模糊感受和判断。大脑在一瞬间就可决定对该事物是喜欢还是不喜欢，是想接近还是想回避。就像你不自觉地走进一个品牌的店铺，或者不自觉地点开一个产品的图片一样，都是事物所带的情感在发挥作用。情感在不知不觉中启动了你的大脑，让你在不知不觉中做出了一些行为。

情感就像一把刀，将这个世界简单地切分为好坏、对错和善恶。大脑从事物中获得的情感越好，就越是想要靠近、得到和拥有；从事物中获得的情感越是不好，就越是想要远离、回避和放弃。

情感还可以将这个世界分为带感的和无感的。带感能够快速引起大脑的关注，无感使大脑漠不关心。在一盆绿色植物、发霉的面包、一个杯子、一件衣服之中，大脑会对绿色植物有好感，因为它有正面的情感；会对发霉的面包产生反感，因为它带着负面的情感。这两个事物会优先引起大脑的关注。相比之下，大脑对一个杯子、一件衣服这样的中性事物恐怕是没有什么情感的——没有感觉。我们每天一睁开眼睛就会接触到很多信息，也对很多信息熟视无睹，就是因为这些东西没有带感，大脑对其无感。我们在前文说过，认知决定情感。但是，对我们来说无感的信息和事物并不是真的无感，而是习惯和适应的结果。这些事物和信息，只要通过设计重新赋予意义就会重新带感。比如，这个杯子是星巴克的，这件衣服是女朋友送的，赋予意义后，这两件事物马上就会带感，变为特殊的存在。

5. 情感是拴住用户的"锚"

情感是大脑运作的基础，决定着大脑运作的方向。一切信息不管其表面是怎样的，进入大脑后都要转化成情感，才能被大脑理解和运用。在品牌和产品中注入鲜明的情感，就是为了在第一时间进入用户的大脑——让用户围绕其感受到的情感展开思考和想象。情感像是在大脑中抛下的锚，让大脑围绕锚点开始运作。

事物所带的情感决定了人们如何去理解事物，比如，你怎么看一个人。认知心理学家赫尔穆特·莱德和他的同事做了一项研究。他们找来一些学生作为被试，给这些学生看一张维也纳街头的照片，照片中有街景也有人物。研究者把学生分成两组，对第一组学生说："维也纳对于单身的年轻人来说是个好地方，那里社交活跃，很容易遇到喜欢的人。"他们对第二组学生的说法是："维也纳像很多大城市一样，也有犯罪活动。"结果发现第一组学生对照片中有吸引力的男性和女性面部关注的时间比较长，而第二组学生仅对漂亮的女性面部表现出了特别的关注，那些有吸引力的男性面部没有再引起他们的注意。说维也纳是个容易邂逅的地方，这句话带有正面的情感。而说维也纳也有犯罪活动，这句话让维也纳这座城市带有了负面的情感。这种情感启动了被试的大脑，影响了大脑对照片中男性的感知。因为在人们心中，街头暴力更多与男性关联在一起。由此可以看出，情感具有先入为主的顽固一面，会让大脑的理性瘫痪，随着情感所指的方向漂流下去。研究者对被试说的两种维也纳的情景，是在被试大脑中抛下的锚，它们所带的情感会限制被试的思考。大脑会将犯罪活动启动的负面感觉，投射在与犯罪这种负面情感相关联的男性身上，让照片中的男性瞬间失去吸引力。而"维也纳是容易邂逅的地方"这句具有正面情感的话却可以大大提升照片中男性的吸引力。由此可见，大脑的这种思维模式是由大脑的意志决定的。大脑的意志会追求思维的连贯性和一致性，导致情感一旦对大脑进行了设定，大脑就只能围绕锚点转圈。

带有正面情感的品牌和产品信息，能够让大脑瞬间做出确定的、正面的情感判断。这样的情感为大脑预先设定了运作方向，大脑接下来会自动围绕正面的情感来收集素材，构建和理解品牌和产品。比如，"拉菲庄园是世界八大名庄之一，拥有目前世界上最有名的红酒"这样的信息让拉菲带有了正面的情感，让你感觉到它是高级的、高端的。因为这样的情感在你的大脑中做了好的设定，所以接下来你在理解拉菲庄园的时候，会从经验和记忆中选择最好的素材来构建拉菲庄园的形象。比如，你会把它想象成电影里豪华壮观的庄园形象，而不是一排平房、一片田地的样子。这就是为什么企业在做产品和品牌的时候情感要鲜明的原因——在大脑下"锚"。锚让用户在接收到品牌的相关信息时，会自动围绕锚点（情感）展开想象。因此，锁定大脑的运作轨迹和方向，才是产品和品牌情感化的根本所在。

如果企业不能更深刻地了解情感关联这种功能，那么在产品和品牌塑造的过程中，就会因为忽略了一些细微环节，对整个品牌造成不利影响。

很多企业在发展的初期，借助定位的原理，将品牌与某个产品紧密关联起来，试图通过抢占某个细分市场来站稳脚跟，比如"好空调，格力造"。这样的定位策略在品牌发展到一定程度的时候，就会受到局限——如果试图向别的领域扩张时就会受到局限。用户会认为商家在所扩张领域不专业，空调这个锚点在这个阶段就限制了品牌的发展，所以，企业在对产品和品牌进行情感关联的时候要特别谨慎。

第二章

用户是由感觉控制的机器

1. 情感体验必会留下印迹躯体标记

我们一直在强调情感关联的重要性，是因为情感能让大脑产生不符合逻辑的冲动——大脑的某些神经网络被情感瞬间激活，产生冲动的行为。情感对大脑的影响是不需要理由、不需要解释、也不需要逻辑的。它能凌驾于一切阻碍之上，直接激活和启动大脑，这就是情感的厉害之处。可以说，我们的躯体就是一个靠情感启动的机器。

信息中所带有的情感，会直接影响到我们的躯体，从而影响大脑的决策和判断。情感是启动大脑感觉的触发器，是对我们的大脑和身体产生影响的核心因素。比如，听一段慢节奏的轻音乐，我们就感觉心情舒畅，全身放松；而听一段快节奏的摇滚乐，我们就会感觉精神抖擞，血脉贲张。这都是因为音乐中带有的鲜明情感，启动了我们大脑的神经系统，让我们体验到某种强烈的感觉。这种带有鲜明情感的信息，对大脑和身体具有启动功能，能直接作用于我们的躯体和大脑，影响我们的行为。所有的情感关联，都是为了达到启动躯体的作用——让大脑在体验到某种感觉后在大脑中留下痕迹，形成躯体标记。比如，我们在听到节奏鲜明轻快的音乐时，会感到全身放松，呼吸平稳而舒畅，这就是这段音乐留下的躯体标记。我们在信息、产品、品牌中建立情感关联，就是试图在用户的大脑中形成躯体标记。

那么，什么是躯体标记呢？首次提出这个概念的，是著名的神经学家安东尼奥·达马西奥。他曾做过一项研究，让被试参加一个"赌局"，被试可以在ABCD 4副牌中任意翻牌，每张牌上都有"玩家赢50美元"或者"玩家输100美元"的字样。当然，被试参加的目的是竭尽所能地赢更多钱。

这4副牌是研究者精心设计过的，其中AB两副是好牌，风险小输钱少，输钱一般不超过100美元，甚至更少，但是赢钱也比较少，通常在50美元左右。而CD两副是烂牌，风险大输钱多，输钱金额超过了1000美元，但是奖金也比较多，有100美元左右。

这样看来，对被试最有利的局面就是从AB中翻牌。但是被试并不知道存在这样的规律。那么你猜一下，被试在翻到多少张牌的时候能发现其中的规律呢？

研究者发现，被试们在平均翻到第50张牌的时候，才会发现其中的规律。但是有的被试直到最后也没有意识到这次活动有规律可循。

这个实验还有一个更重要的发现。研究者在被试的手掌连接了压力测试仪，以此来检测被试玩牌时的身体反应。结果发现，被试的身体比意识更早发现了牌中隐藏的规律。大约在他们翻到第10张牌的时候，身体就会对烂牌组产生反应。他们的手开始冒汗，身体开始发出信号警示被试。但是这个时候被试还远远没有意识到这4副牌之间存在的规律。

安东尼奥·达马西奥指出，我们每一次情感鲜明的体验，都会附带一些感受和身体状态，这种体验会在神经系统中留下痕迹，从此与该事物的记忆联系在一起。当我们下次遇到同样的事物时，这种神经痕迹会被激活——体验到当时的感觉。安东尼奥·达马西奥把这种情感在神经系统中的遗存叫作"躯体标记"。

所谓的标记是指联结着某些刺激的感觉。实验中被试在输了很多钱的时候，一定会产生糟糕的体验。这种糟糕的体验会在被试的大脑中留下痕迹，同时也会将相关的情景与输钱关联起来。这才导致被试在翻开烂牌组的时候产生了面的情感，因为这副牌和输钱的糟糕体验关联在了一起。这激活了被试输钱时产生的躯体标记，使得被试对烂牌做出了本能的反应——手心冒汗。标记是身体对某种正面或者负面感觉的一种识别信号。比如手心冒汗就是身体在唤醒大脑的某种负面感觉——让大脑感受到糟糕的情绪，从而改变自己的策略。这是身体在试图影响人们的行为。

躯体标记对大脑来说是神经网络的激活，而对身体来说会出现一些具体的躯体状态，比如手心出汗、心跳加快、呼吸急促、脸红、毛孔张开、瞳孔缩放、腹痛等。这种躯体反应对我们的感觉至关重要。比如，你在一个朋友聚会上和大家聊得很开心，你感到很愉快。这时，这种愉悦的感觉对身体来说会出现很放松、心跳和血流加快、毛孔张开等状态。这就是躯体对这种愉悦感的呈现和表达，这种状态会在身体中留下痕迹（记忆），而这种记忆往往跟获得愉悦体验时的情景、事件、状态等信息关联在一起。当人们再次遇到同样的记忆线索时，与该线索相关的躯体记忆就会被激活——让你的身体发生改变。

那么，躯体标记是如何影响我们的身体反应的呢？我有一个朋友很容易晕车，这件事一直困扰着他。偶然间他找到了一种可以迅速缓解晕车症状的良药——一种薄荷味的通鼻膏。每次当他感觉晕车的时候，就会拿来闻一下，薄荷的味道会让他感觉舒服很多。这种用于治疗鼻塞的药在他这里有了新的用途。这本是一件值得到处炫耀的事，可就在他四处推广经验的时候，他竟然发现这个方法慢慢失效了，并且还出现了副作用——不管在什么时间、什么场合，只要他一闻到薄荷的味道就会感到头昏脑涨、恶心呕吐。就像薄荷的味道启动了他体内晕车的按钮一样。他实在无法理解这种现象。这就是躯体标记影响身体反应的一个很好的体现。对身体来说，每次感到晕车的时候，他都感觉很紧张，并且同时会闻到薄荷的味道。这样反复几次以后，身体就把薄荷的味道与晕车时的情景和感觉关联在了一起。所以薄荷的味道就成了一种记忆线索，能够激活他身体的晕车反应。结果就产生了即使他不坐车，但只要闻到这个味道就会有晕车症状。

安东尼奥·达马西奥认为，身体会对情感无意识反应，而感觉则是内在对这些心理变化的感知。情感进入身体，接着被大脑和心智"感觉到"，人们才有了感觉。情感开始于身体的无意识过程，人们通过感觉了解情感。也就是说，情感启动了大脑，人们才感受到了某种感觉。

人们的身体会比意识优先感受到情感，而身体的这种反应在很多时候是人们意识不到的。特·赫斯通过他的研究发现，人们对外接收到的信息，会导致人们出现瞳孔缩放的反应。他发现当被试看到美好的事物，比如，当被试看到美丽的风景、漂亮的女人时瞳孔会放大。而看到一般的风景、不怎么漂亮的女人时瞳孔会收缩。这就是人们对带有情感的信息做出的无意识反应——激活我们的躯体标记。另外，测谎仪的工作原理也是利用了身体的这种反应。当我们说谎话的时候，别人也许看不出来，有时候甚至连我们自己也感知不到，但是我们的身体知道我们说了谎。所以只要监控一个人的皮电反应，就能知道他是否在说谎。因为我们的撒谎行为已经被大脑做了标记。只要你在撒谎，大脑就会有反应。这就是情感对躯体的启动作用。其实，躯体知道的远比我们意识到的多得多。

带感就是让产品、品牌、信息带有鲜明的情感，启动大脑的某种感觉，产生某种躯体标记，从而影响人们的行为和决策。不带感的刺激不会形成躯体标记，因为不带感就是没感觉，不好也不坏，既不会给你带来好处，也不会给你带来危害。所以在这种情况下大脑没有必要对其进行标记。对于商家来说，没有什么是比用户对自己的产品没感觉更可悲的事情了。商家所做的一切都要避免产品和品牌在用户的心中不好不坏——平庸。所有商家都希望自己的产品在用户大脑中是优秀的、高级的、品质优良的。而要想做到这些，商家就需要在产品和信息中植入情感。情感之所以如此重要，是因为情感可直接作用于人们的身体。情感启动要研究的，就是什么样的信息能有效启动人们的身体，并且形成躯体标记。

2. 情感印迹会触发感觉模拟

我们所经历过的情感鲜明的体验，都会在大脑中留下痕迹形成躯体标记。这种痕迹会在下次我们接触到同样的情景线索时被激活，让我们的身体对事物产生某种本能反应。躯体标记是在模拟我们自身过往经验中的某种体验。这就导致躯体标记一旦形成，大脑在接收到相关线索时就会自动启动感觉模拟系统——让我们重复体验到某种感觉，这就是感觉模拟。

在一项研究中，研究人员将同一种气味分别贴上"切达奶酪"（一种很受美国人欢迎的奶酪）和"体臭"的标签。结果发现，前者会被认为是令人愉悦的气味，激活了被试眶额叶皮层中部的神经活动。可是当同样的气味被贴上"体臭"的标签后，就不会激起被试此处的神经反应。同样的，在生活中当人们认为自己喝到了价格昂贵的葡萄酒时，眶额叶皮层中部的神经活动也会增强。这就是大脑在接收到与某种感觉关联的线索时，启动了大脑对于该线索关联在一起的感觉的模拟。其实，那些物品并不是真的"切达奶酪"和价格昂贵的葡萄酒，是这些线索欺骗了大脑。但是大脑只认线索不认事实，所以会开始模拟与线索关联在一起的感觉。

另外一项研究也曾用可口可乐来做类似的实验。研究者让被试品尝两种可乐，将其中一种可乐装在可口可乐罐里，另一种同样的可乐用不带任何商家信息的彩色罐装，然后让被试们品尝。结果发现，有75%的品尝者认为可口可乐罐中的可乐更好喝。其实，所有罐里装的都是可口可乐。研究者通过对这些被试大脑进行扫描后发现，可口可乐包装的出现激活了被试大脑中让人们感觉良好的脑区。也就是说，可口可乐的红色包装罐激活了大脑的愉悦回路。这是因为可口可乐在人们的大脑中形成了躯体标记。在人们接触到与可口可乐相关的信息时，比如可口可乐的商标等，它们所带的情感启动了大脑对喝可口可乐时的感觉的模拟——让被试体验到美好的感觉。这就是情感体验的重要之处——情感体验留下的神经痕迹，会将大脑对事物的感受导入一种自动化的感觉循环——旦接收到与该事物相关的线索，大脑就会启动对该事物的感觉模拟。这种感觉模拟才是让产品和品牌深深植入用户大脑的核心所在。

那么，记忆是如何影响我们行为的呢？记忆如果只是记忆，它就不会对人产生影响。比如，你时常想起小时候妈妈带你去玩旋转木马的情景，如果这只是一个画面，你很快就会忘记。而你之所以能够记住，能够时常想起，是因为这段记忆与一种美好的感觉关联在一起。能长期留存在我们记忆里的信息，大部分都与一种感觉紧密关联着。纽约大学的心理学家伊丽莎白·菲尔普斯指出，当我们去回忆一些长期留在自己脑海中的事情时，都会唤起我们强烈的情绪体验。这是因为曾经的体验给我们留下了某种强烈的感觉，在回忆时大脑对当时的感觉进行了模拟。也就是说，记忆的核心是感觉，我们在经历中体验到的感觉决定了我们能记住什么。

  战争对人们造成的心理创伤，之所以能够在很长一段时间内影响人们的行为，是因为这段记忆与一种极其糟糕的负面感觉紧密关联在一起。一旦出现某些线索唤醒那段回忆，就会自动启动躯体——那种糟糕的感觉就会接踵而来。当一种感觉占据大脑的时候，这种感觉就是你的全部。就像你感觉胃痛的时候，此刻你的整个世界都是痛。大脑对某段记忆的每一次回忆，都会让人重复体验到当时的感觉，强化那段记忆。有战争心理综合征的人，因其无法避免接触与战争相关的线索，所以也无法停止糟糕的感觉。在这个循环中感觉会不断被强化——美好的感觉越来越美好，糟糕的感觉越来越糟糕。同时那些与这种感觉关联在一起的情景和线索也会得到强化。强化的结果是大脑会对那些情景和线索变得更敏感。有战争心理创伤的人，不能再继续过军营生活，也不能看战争题材的影片，甚至不能看到枪支等。一旦接触到这些信息，就会启动大脑对那种糟糕感觉的模拟——感受到痛苦。感觉模拟是对感觉以及相关情景、线索的双向强化。这会使得痛苦越来越强烈，让患者无法自拔。

  情感启动大脑对某种感觉的模拟，是程式化、自动化的。很多时候我们意识不到，也无法左右它的发生。我们要想对用户的感觉和态度进行干预，就要操控信息和产品所带有的情感，启动大脑对感觉模拟的程式化反应，从而影响用户对外在事物的感知。红色在我们的大脑中被赋予了激情热烈的正面情感，当我们接触到大面积、高纯度的红色时，身体会启动与其关联感觉的模拟模式——血流加快、感到兴奋，从而让我们体验到热烈、刺激、火热的感觉。这样的感觉会影响我们的行为，比如，让我们变得爱冒险，喜欢寻求刺激等。可口可乐运用红色做包装，就是在试图让消费者形成躯体标记，影响人们的感觉和行为。研究发现，红色包装的产品更容易促进人们去分享，所以要把能够联络情感的产品设计成红色调。蓝色调通常用在理性的科技产品设计上，这是试图借助蓝色所带有的鲜明情感来形成躯体标记，启动大脑对某种感觉的模拟，从而影响人们的行为。

情感能够启动大脑对感觉的模拟，归根到底是因为大脑对情感关联形成了信念。商家运用情感关联的终极目标，是让消费者的大脑对产品和品牌形成某种情感信念，只要消费者接触到相关信息就会激活关联，机械化地做出某种情感反应。大脑根本就不关注事实到底是什么，就像上文实验中被试对可乐的反应一样。被试感觉装在可口可乐罐中的可乐更好喝，而完全感受不到那是同样的可乐。这种反应并不是对事实的反应，而是对脑内关联的反应。大脑对可口可乐已经形成了固定的情感信念，建立起了固化的情感关联。也可以说，对可口可乐的情感关联，已经成了大脑的一部分，可口可乐已经被深深地植入被试大脑中。商家所做的一切工作，都是为了让消费者对其形成某种稳定的感觉，从而形成某种情感信念。

大脑对产品和品牌形成某种情感信念后，不但会影响身体对其的感知和反应，让大脑形成自动化的感觉模拟，同时情感信念的形成还会促使大脑自动对其进行维护和升级——进行自我催眠，不容别人质疑你的信念。比如，不允许别人对自己崇拜的偶像产生怀疑和恶评。这就是情感信念形成的结果，也是商家做产品和品牌的最高境界。

3. 情感化的行为也在启动感觉模拟

带感是为了与躯体建立一种紧密的关联。如果身体没感觉，人们就体验不到其中的感觉。反过来，身体的变化也会影响人们的想法和感觉。比如，看到呕吐物会让人们感到恶心想吐，从而做出想吐的样子。也就是说，当你带着某种姿态或者身体状态去关注事物的时候，这种姿态和身体状态也会影响人们的感知，因为身体的行为是被情感化的。

国外有一项研究，研究者将被试分为两组，要求他们咬住笔杆读同一本漫画书。不同的是，他们要求第一组被试轻轻咬住笔杆，并且上下嘴唇不能碰到。而要求第二组被试牢牢咬住笔杆且上下嘴唇要紧闭起来。结果发现，第一组被试感觉漫画书很好看，阅读时很开心。而紧闭嘴唇的那一组被试并没有什么快乐的感觉。这是因为第一组被试轻轻咬住笔杆的嘴型很像微笑时的样子。躯体的姿态、行为、表情等与某些情感是紧密关联在一起的。当面部表情产生时——嘴形做出微笑的样子，与该表情关联的感觉也会被启动，让人感到快乐。之所以能产生这样的效果，最根本的原因是我们身体的各种姿态和行为也是被情感化的。带感的躯体姿态和带感的外在信息一样，也能启动大脑的某种感觉。

加拿大的心理学家凯莉·川上和同事，邀请了一些白人作为研究的被试，让他们在看到黑人免冠照片的时候，向内拉动操纵杆

(接近),当看到白人照片的时候向外推动操纵杆(回避)。研究者让被试对几百张照片做了这样的操作。结果发现,拉的动作改变了被试之前对黑人的负面态度——由反感转变为好感。也就是说,将身体向内拉的行为与黑人建立关联,能够有效地改变白人被试的种族态度。

有研究发现,仅仅是身体的靠近就能提升被试对产品的好感,甚至只是让被试在大脑中想象自己正在接触某个产品,被试就会变得更加喜欢这个产品,就能够提升被试购买产品的概率。看到这里你就能明白,那些不让消费者靠近触碰产品的行为,是多么没有经营头脑。

人们的身体姿态之所以能影响人们的态度,是因为身体姿态也是带有情感的。蜷缩、紧张、退缩的姿态带有负面的情感,会启动大脑中负面的感受,比如,弯腰驼背会给人不自信、死气沉沉的感觉。舒展、轻松、开放的身体姿态带有正面的情感,会启动大脑中正面的感受,比如,昂首挺胸会给人信心满满、活力十足的感觉。当某种情感鲜明的身体姿态,通过某种方式与某些事物建立了关联,那么这种姿态所带有的鲜明情感,就会传递到这些事物中去。

在用户行为设计中,只要对用户行为进行微妙调整,可能就会提升平台的转化率。我们对用户使用手机的各种行为做了一系列的研究。其中一项研究发现,用户使用手机时最主要的两种操作方式"划屏"和"点击",对用户的感觉来说存在本质上的差异,用户更喜欢用划的方式浏览页面,而不是点击。第一个原因是划的行为与信息的连贯性和连续性关联在一起。用户在浏览页面的时候,希望看到更多喜欢的信息。大脑感觉划的方式是对同一类信息的深度浏览,而点击的行为与信息的切换关联在一起，意味着脱离现在的逻辑，切换到别的维度。第二个原因就是划的行为与浏览关联在一起，而点击的行为与决策关联在一起。大脑不喜欢做决策，更喜欢待在一个重复的节奏里。就是这样，两个看似没有多大区别的行为，在用户的大脑中却存在这样本质的差异。这意味着采用点击的方式来引导用户浏览页面，会妨碍其深度浏览。所以，在设计页面的时候，要尽量让用户采用划的操作模式进行页面的切换和信息的转换。这样可以让用户在不知不觉中关注到更多信息，以此实现深度浏览。

4. 镜像系统在模拟他人的感觉

躯体外显的行为和表情，不但能够启动自身的感觉，也能启动他人的感觉。人与人之间的情感传递，就是通过镜像他人的行为而实现的。因为镜像系统能够模拟他人的感觉。

1999年，神经学家马克·亚科博尼，第一次证明了人类大脑中存在着镜像神经元。他在研究中要求被试观看一段关于手指动作的视频。被试可以只观看，也可以边观看边模仿看到的动作。与此同时，他扫描了被试的大脑。结果发现，无论只是观看，还是边观看边模仿动作，被试大脑中被激活的脑区是一样的。由于大脑的这种功能不是一种神经元完成的，于是，研究者把人类大脑中具备这种功能的神经元叫作镜像系统。

意大利神经生理学家贾科莫·里佐拉蒂的研究团队，后来进行了一系列大脑扫描研究。其中一项研究要求一些非专业从事音乐的被试，按照他们所看到的吉他弹奏指法，进行手部动作的模仿。

结果发现，人们的镜像系统确实参与了模仿的过程。再后来，研究者通过一些技术，限制了镜像系统的反应。结果，被试在试图模仿他人的过程中，出现了一些困难，而且频频出错，根本无法进行模仿。这个结果表明，镜像系统在模仿中确实扮演着重要的角色。

镜像系统的作用，不只是用在动作模仿中。普林斯顿大学的乌里·哈森，扫描了两个交谈者的大脑活动。他发现倾听者的大脑活动，与说话者的大脑互为镜像。这说明，当我们听一个人说话的时候，会不自觉地去模仿他的语调和语气。后来研究者们又对镜像系统进行了更加深入的研究，他们发现，镜像系统在人们对他人的情绪模仿中，也起着非常重要的作用。所以，当你看到有人在笑的时候，你也会不自觉地笑起来。而当一个人在你面前哭的时候，你也会莫名其妙地很想哭。另外，对疼痛的镜像也一样。当有人身体某处受伤时，观察者与受伤者的大脑相关部位都会被激活。

人类大脑镜像系统的存在，导致人们只要看到一个人在做什么，或者听到一个人在说什么，又或者是注意到一个人的情绪，大脑就会与之产生镜像。这就像你看到别人吃东西你也会情不自禁流口水一样。一个小朋友看到另一个小朋友在津津有味地吃冰淇淋的时候，他也一定非常想吃。这其中，镜像系统发挥了巨大的作用。事实上，我们只要想象一种行为，就能激活镜像系统。这说明人与人之间的大脑，是可以彼此互相启动的，而且这种镜像系统的启动是强制性的，除非你选择不看，也不听。

在品牌的传播中，镜像系统究竟发挥着什么样的作用呢？走在大街上，我们时常会看到迎面走来一个女孩，手里端着星巴克的咖啡，手指巧妙地分开，刚好可以露出星巴克的商标，好像精心设计过的标准姿势，优美而不做作。当然了，也有很多人喜欢把咖啡杯捧在脸边，嘟嘴拍照发微博。这其中传达出的时尚优美、可爱的动作和姿势，都会激活人们的镜像系统。然后，这些信息会借助镜像系统，获得像病毒一样四处蔓延的能力。你会发现大家在星巴克喝咖啡拍的照片，和大家拿咖啡杯的姿势几乎是统一的。如果你留意过微博中的那些照片，就会发现它们的相似度很高。这说明这些动作激活镜像系统的程度很高。

人们可以借助模仿这一形式去体会美好。只要做出一个动作、摆出一种表情、发出一种声音……就能与美好关联，就能使人们感受到美好。这些与美好关联的行为、动作和情绪，都能在很大程度上激发人们的消费欲望，也是镜像系统强迫启动的结果。另外，用具体化、形象化、符号化的行为，激活大脑镜像系统，更容易让消费者之间彼此影响。所以要想做出带感的品牌和产品，就要让其传达出的信息，能够激活消费者的镜像系统。这样一来产品和品牌所带的情感，就能在人与人之间传播蔓延。

我们在研究中发现，要想让品牌信息高效激活镜像系统，就需要遵循一些原则。首先，有关人物形象的画面要以特写为主，把具体的、特殊的、特意设计的动作和表情用特写放大。这样可以避免目标对象的大脑被其他事物干扰，以便其对动作和表情实现完全高效的镜像。其次是视频广告的节奏要慢。具体来说就是要放慢动作、姿态和表情的表达过程。要细嚼慢咽，切勿囫囵吞枣，要让消费者能够感受到动作和表情发生的过程。放慢节奏，不单单便于观看者镜像，更重要的是，慢节奏会传达出一种幸福感和享受感，让观看者想要停留在这样的情景中。

5. 身体的变化在影响人们的想法和感觉

人们的感觉一般分为两种。一种是躯体感觉，比如视觉、听觉、嗅觉、味觉、痛觉、触觉等。躯体感觉是可以在身体上找到直接感受器的，比如味觉的感受器是舌头，听觉的感受器是耳朵等。另外一种就是自我感觉，比如像高兴、痛苦、悲伤、冷漠感、孤独感等。这样的感觉没有明确的感受器。比如在你感到高兴的时候，让你说出是哪里感到高兴，你是很难找到明确位置的。虽然找不到明确的感受位置，但并不是说身体对自我感觉没有反应。所有感觉都是以身体反应作为基础的。自我感觉同样会留下躯体标记，比如人们高兴时会血流加快、身体放松等。

躯体感觉与自我感觉是互相影响的。躯体感觉会影响自我感觉，反过来自我感觉也能影响躯体感觉。比如人们喝可口可乐一方面是为了追求一种刺激的口感，同时也是在追求一种活力和青春的自我感觉。反过来，为了追求青春活力的自我感觉，用户也会去体验可口可乐带给自己的感官刺激。在一般情况下，人们是先有感官体验，再通过感官体验获得自我体验。不过，一旦用户对品牌和产品形成某种信念，这种局面就会反转过来——自我感觉会影响人们的感官体验。比如在可口可乐成为让用户迷恋的品牌后，用户感觉喝可口可乐是一种年轻的象征，这样的信念产生后，人们会感觉装在可口可乐瓶子里的其他可乐也很好喝。这就是可口可乐让人们产生的自我感觉，影响了人们的口感。

有一类自我感觉是由人类的社会性引起的，比如冷漠感、孤独感、认同感、归属感等，我们将其称为社会感觉。人们的躯体感觉很多时候是与社会感受关联在一起的。当你体验到某种躯体感觉时，这种感觉也会投射到社会感觉中，从而影响你的真实感受。

劳伦斯·威廉姆斯和约翰·巴奇在一项研究中发现，当被试握着一杯热咖啡的时候，会让他们体验到社会性的温暖以及亲密的感觉，比如，被接纳和被爱的感觉。相反，当被试拿着一杯冷咖啡的时候，被试会感受到一种社会性的冷漠感和距离感，比如，感觉别人对自己很冷漠、不友好等。接着，他们让被试在无意识间接触或拿起一个咖啡杯，里面有的是热咖啡，有的是冷咖啡。然后让他们阅读一段人物描述，所有的被试读到的描述都是一致的。结果发现，拿过热咖啡的人更喜欢文字中描述的人，而拿过冷咖啡的人，更不喜欢这个人。也就是说，身体体验到的温暖或冷漠的感觉，激活了人们对社会性温暖或冷漠的感觉，继而影响了人们对描述中人物的感觉。这就是所谓的热咖啡效应。

随后，研究者通过脑成像技术做了进一步的研究。结果显示，当人接触到某种温暖的东西时激活的脑区，与给朋友发短信时激活的脑区是一致的。人们感到温暖时留下的躯体标记，和体验到社会亲密关系时留下的躯体标记，是关联在一起的。这就导致身体感觉会启动社会感受，反过来社会感受也会启动身体感觉。比如，人在体验到社会冷漠的时候，身体会感到冷，体温会降低等。身体感到温暖的时候也会感到被他人接纳和爱。同样的，身体感觉也会在很大程度上影响人们的行为，比如，温暖能让人们变得慷慨，寒冷会让人变得吝啬。

另外，人与人之间身体的互动，也是启动社会感觉的一个重要方式。比如，两个人关系很亲密，他们的身体就会靠得很近。而如果两个人的关系比较疏远，他们坐在一起的时候身体也会离得比较远，即便他们坐得比较近，身体也会做出一些其他的排斥行为，比如，背对对方，或者身体向对方的反方向倾斜。

在新冠肺炎疫情暴发期间，很多患者认为自己能挺过来，跟医护人员对他们的关爱有很大关系。在对一些患者进行采访的时候，他们说那些医护人员会经常走到他们床边，摸摸他们的头、肩膀、手，给他们一个鼓励的眼神等。这样的行为虽然看似微不足道，但是却给了这些绝望和无助的人无限的温暖和信心，让他们感到自己在被关心着、被爱着。其实在与病魔战斗期间，患者的康复信心是非常重要的。而这些细微的身体接触行为，对患者的康复起到了巨大的帮助作用。这就是身体的互动给了患者被关心和被爱的社会感受。

人是社会性动物，人的思维模式和感知模式，基本上是围绕社会性这一核心因素展开的。社会情感对人们的影响非常巨大，比如，爱恨、鄙视、尊重等。这些社会情感都是通过一种身体行为状态体现出来的，比如，眼神、拥抱、鼓励、帮助等。

同样的，人们也会用身体感觉去描述一个人，比如，一个温暖的朋友，一个冰冷的父亲，一个泼辣的女人，一个甜美的女孩等。这些描述都表明身体感觉与社会感觉是紧密联系在一起的，身体的这种功能也是为了让我们更加深刻地去感受一个人或者物——让身体能更加准确地感受到某种感觉。

我们需要意识到的一点是，身体感觉与社会感觉是紧密关联的。我们要学会借助身体感觉启动社会感觉，以及借助社会感觉启动身体感觉。

第三章
如何提炼激活用户感觉的"鲜明情感"

1. 平庸事物所带的情感混乱、不鲜明

事物所带的情感混乱、不鲜明的结果就是平庸——没有鲜明的个性、风格、信念以及原则。产品、品牌以及信息之所以会变得平庸，是因为商家在设计和运作的过程中，什么都想要。也就是说，导致出现这种局面最根本的原因是没有原则——没有明确的目标，不确定要给用户什么样的感觉。任何一个国际大品牌都具有鲜明个性和风格，并不是什么都要、什么都做。品牌、产品、信息一旦什么都想要，就离平庸不远了。这会导致产品和品牌成了一个矛盾体。在一个矛盾体中，大脑是找不到安全感和信任感的。你也许会想到 3M 这个品牌，虽然看上去它什么都做，但是它的品牌没有被平庸化。在这里我所说的什么都有和什么都做，指的是个性和风格。3M 品牌之所以没有被平庸化，是因为它们即便是做曲别针，也要将追求的核心情感注入其中——做到极致。这就像做一件衣服，部分的装饰并不是不要，而是要与主题风格保持一致。记住，我们指的鲜明是大脑对其的一种明确的感觉和感受。

人也是一样的，大多数人之所以没有魅力，没有吸引力，是因为大多数人都是矛盾体，都是既想要这个又想要那个，而且想要又做不到。结果是大多数人没有明确的目标，都在人云亦云，随大流，变得平庸。在大多数人眼中所谓的个性和自我更多是嘴皮子上那点功夫，所谓的内涵都是东一把西一把收拾的碎片。对自己到底要什么并不明确，也不确定。这样的人当然没有魅力，也没有吸引力，因为他自身都在纠结和挣扎。这样的结果就是这些人会活得平庸而无力。

去平庸化是提升情感鲜明度的重要手段。其实，去平庸化的方式非常简单，我们要从平常的、常态的、常人的状态，向上或者向下，向内或者向外分离，而不是漂浮在中间层，不上不下，以此来寻求安全。我们把向两个方向分离的方法，叫作升位和降位。升、降位就是从平庸中抽离出来，与平庸区别开来。分离的目的是去平庸化，提升产品、品牌、信息所带的情感鲜明度。对大脑来说，情感鲜明的事物才具有启动作用。

2. 如何提炼带有鲜明情感的理念

大脑可以从理念中获得各种感觉。当理念带有鲜明的情感时，理念就会启动大脑，让人们体验到某种感觉。比如，时尚、高级、奢华、天然、轻奢等，这些理念给了人们不同的感觉，虽然你不一定能说清楚什么是时尚，什么是高级，但你仍然能感受到它。只要告诉你穿着这件衣服显得很时尚，你就会感觉这件衣服非常好。理念所带有的鲜明情感，是通过摆脱平庸，进行升位和降位来实现的。

理念的升、降位是指让不明亮的、平庸的理念向上或者向下、向内或者向外分离，让其带上鲜明的情感。我们把追求财富、权利、地位、更加物质层面的，向外追求的理念叫作理念的升位。我们把追求本真、自然、朴素、更加精神层面的，向内追求的理念叫理念的降位。

理念的升位是追求发展的、扩张的生存状态。苹果的品牌理念是科技感、现代感、高级感，是一种追求更高、更快、更先进的发展和扩张理念。这就是对理念做了升位处理。而星巴克、奔驰、LV等国际大牌，之所以能够成功，也是因为它们追求一种奢华、高级、高贵、时尚、尊贵等升位的理念，是一种逃离平庸、平常，追求物质满足的品牌理念。

升位处理后的品牌理念，在表现上更多追求外显的表达方式，比如把品牌的标识设计得够大、够显眼，让别人一看就知道你穿的、用的是什么品牌。升位是一种表达自我、自我扩张的品牌理念。

理念的降位是回归本真的品牌理念。降位理念追求的是产品的实用价值，追求简单、朴素、内在的，精神层面的理念。

比如，无印良品和优衣库，更多强调的是回归产品最基本的使用价值。无印良品注重简洁、质朴、舒适的品牌理念，整个品牌都在遵循一种质朴本真的生活态度。无印良品的创始人堤清二认为，无印良品是一个回归理性消费的品牌，它注重商品的真正价值，忽略一切过剩的修饰。反对过度商业，追求回归产品本真价值。这就是在对品牌理念进行降位的处理。

无印良品的衣服上没有品牌标签；服装的颜色始终围绕黑白灰蓝等天然色系；设计中很少添加夸张、扎眼的图案；款式也不外乎几种基本样式。品牌通过降位处理后，在表达上追求简约的设计、朴素的色彩，避免出现过多的感官刺激。这些品牌更多会隐藏品牌标识符号，不会把品牌标识印在显眼的地方。降位理念会给人一种朴素、自然、本真的感觉。

3. 如何提炼带有鲜明情感的行为效果

行为效果的升、降位也可以称作行为反馈的升、降位,是指用户在使用产品或参与互动时,对用户行为的反馈有目的地增强或者减弱。升位是增强对用户行为的反馈效果,降位是弱化对用户行为的反馈效果。行为效果升位后,会让用户在使用产品的时候,产生一种掌控感、操控感、仪式感、效果感、力量感以及自主感。行为效果降位后,会让用户产生一种轻松感、便捷感。行为效果的升、降位之所以能对大脑产生影响,在很大程度上来自大脑对自身行为得到反馈的渴望。

行为效果升位

行为效果的升位,让用户行为的反馈变得有效、生动、显著、夸张,使大脑能够明确感受到自身行为产生的效果。

行为升位的第 1 种方法,是让人可以直观地看到自己行为产生的结果。近几年国内开始大力推广垃圾分类,如果对人们的行为效果进行升位处理,把垃圾桶设计成透明的,就能很好地解决这一问题。因为透明的垃圾桶能让人们直观地看到自己扔垃圾的行为效果。如果投放错误,人们会直观地看到自己的行为造成了错误的结果。比如,你把一包苹果皮,投进一个盛满易拉罐的垃圾桶,你就能直观地看到自己做错了。这会让人们直接感受到自己做了错误的行为。而不透明的垃圾桶让人们扔垃圾的行为变得隐秘、不明显,很多时候即便将垃圾投错了也没有感觉。直观地看到自己行为的结果,可以大大避免人们做出错误的行为。这就是行为效果升位对人们行为的影响。

行为效果升位的第 2 种方法，是借助外在效果来提升行为效果。在我看来抖音、美颜相机、游戏等产品都是在卖效果。抖音中，人们只拍摄走几步路这么简单的画面，配上出场的音效，瞬间就会有明星的风范，感受到自己超乎寻常的一面；随便摆几个姿势，配上节奏感强的音效，马上就能显得专业范儿十足。这都是抖音对你的行为做了升位后所产生的效果。用户之所以愿意玩抖音，就是因为它所展现的这些效果。

人们容易沉迷于游戏，其中一个方面也是因为在游戏中玩家的行为被效果化了。比如，在切水果的小游戏中，玩家只需在手机屏幕上轻轻划一下，就会产生舞刀的音效，而且沿着手指划过的弧度，还会闪过一道亮光。如果切到了水果，水果就会瞬间变得粉碎，如果切到一个大西瓜，还会溅得满屏都是西瓜汁。游戏通过各种音效、特效，对切的行为进行了升位处理，让大脑可以感受到一个简单行为产生的显著而夸张的效果。正是这种效果化的行为，使得用户玩得不亦乐乎。反过来想，如果切的行为没有了音效、特效，用户一定会感到无趣。

美颜相机也是一种展现行为效果化的产品。在 20 年前，如果你要想给自己的照片磨磨皮、修个红嘴唇，是相当费劲的事。而如今通过美颜相机，只需点几个按钮就能实现你想要的任何效果。无论你是想要瘦脸还是想要细腰，都可以一键搞定。按键就有效果，是美颜相机的核心价值所在，也是通过技术将行为效果化的方式。研究发现，大脑更喜欢艺术化过的事物。这是因为被艺术化的事物带有鲜明的情感。游戏、美颜相机、抖音都是靠艺术化的效果支撑起来的产品。

行为效果升位的第3种方法，是对用户行为进行提示和刻意操作。提示就是与用户行为的一种互动，让用户感觉自己正在享受某种待遇。爱奇艺等多家视频网站推行会员制服务，付费会员可以免广告看视频。为了促进会员续费，网站常会弹出提示"会员就是爽爽哒，60秒广告已跳过！"。这就是对会员身份进行了感知的升位处理，让你明显感知到自己是会员，正在享受会员的待遇。

电商平台的会员服务也有类似的提示，比如，京东的PLUS会员页顶端显示着加入会员后累计节省的消费金额，以及累计获得的消费反馈金额。让用户每次看到这组数字都会感觉自己省了很多钱，加入会员是一件超值的事情。这样的会员制度会让会员想把自己的消费尽可能地放到京东。另外，京东会员每次消费后运送都可以免运费，在结算的时候一目了然。同样的会员还可以领满100元减5元或满200元减10元等会员专用券。但这些券是需要会员主动去领取的，并不是满了100元就能自动减5元的。这种刻意的操作行为，会让用户直观地感觉到自己通过这样简单的一个操作就省了5元钱或者10元钱。这种操作的明显效果，会让用户感觉做这样的行为很有价值，也让用户有意识地感受到自己是京东会员，在享受着会员待遇。

行为效果升位的第4种方式，是对行为本身进行升位，让行为本身就能启动大脑的感觉。比如，果粒橙的广告宣传语"喝前摇一摇"。当你做摇一摇的行为时，会增强大脑对橙汁的期待——渴望喝到其中的果粒。摇一摇这样的行为，会让大脑将更多的注意力集中在对果粒的感受上——在口中仔细地去品味其中的果粒。结果就是只要你喝到果粒，就会感觉到愉悦。因为摇一摇的行为启动了大脑对美好感受的期待，促使大脑释放出大量的多巴胺——感受到愉悦。这就是对行为进行升位处理后——仪式化，会让行为带有鲜明情感的原理。

行为本身效果的升位，可以通过遵循三个简单的原则来实现。第一，行为要分出步骤，让每个单一的行为都独立开来，打造行为的段落感就能增强行为的效果。比如，品红酒的正确方式，是先要仔细看一看杯中的酒，然后再摇晃几下酒杯，接着闻一闻，最后才把酒喝到嘴里，但是不要直接咽下去，而是让酒在口中停留片刻，让其充满整个口腔，充分激活我们的每一个味蕾，去感受酒的刺激，最后再咽下去。这个品酒的过程，就是被步骤化和段落化了的过程。整个喝酒的过程遵循的一个原则就是"慢"，让大脑有足够的时间去感受每个行为。研究发现，这样的仪式感可以让普通的酒也变得好喝，这就是行为本身效果化的作用。

第二，强调行为细节，为其赋予意义。这样做是在增强行为的价值和意义。比如，在酒喝到嘴里的时候，要强调这个环节，就要让酒在嘴里停留的时间长一点。然后，解释为什么要这样做——这样可以让酒充满整个口腔，充分激活我们的每一个味蕾，去感受酒的味道。通过强调细节和为其赋予意义，能够重复唤醒大脑的意志，可以大大提升行为的效果。关于仪式感在这里就不过度阐述了，感兴趣的读者可以去延伸阅读《锁脑》这本书，其中用大量的篇幅详细阐述了仪式感对情感的启动作用。

第三，行为要夸张。夸张后的行为会极具戏剧效果和感染力，这也是让行为本身带上情感的方法。大多数人在看电影的时候，认为最过瘾的画面是那些行为很夸张的画面，比如，动作片中一个人的面部挨了一拳，通过慢镜头你看到这个人的脸被打得变形……整个画面极其夸张。这种夸张的行为带有强烈的情感，画面会极具感染力。

近年来，网络视频的流行带火了一大批播主，其中吃播是一个很受网友欢迎的主题。同样是吃饭，为什么有些人会火，而有些人则不会呢？因为那些火了的播主几乎都遵循了一个基本原则——夸张。首先是吃的东西夸张（几千元一只的螃蟹、生的和牛刺身等）。其次，吃的量夸张（他们吃的量比一般人多得多，普通人用小碗吃面，他们用大盆吃）。另外，最重要的是他们吃的行为夸张——龇牙咧嘴，声音很大。当吃的行为夸张的时候，即便吃的东西很日常，吃的量也少，大家仍然会愿意看。比如，他们感觉辣的时候，不管到底有多辣，他们的面部表情都极其夸张——嘴咧得很大，脸扭得变形等。当我们在看这类吃播时，大脑的镜像系统会模拟这些人的感受，让我们也能在很大程度上感受到他们的感觉——也会感觉好香、好辣，并且看着看着就饿了。

行为的降位

为什么垃圾分类推行困难，最根本的原因是大家"扑通"一扔，这一声没有产生直观的行为反馈。降低了行为反馈的效果，就是对行为反馈的降位。当然也有很多产品和品牌是采用行为反馈的降位来影响人们的行为的。

行为降位的第 1 种方法就是避免唤醒负面情绪。花钱对人们来说是件比较痛苦的事情。有一种心理现象叫做支付痛苦，当你感觉价格较贵的时候，大脑的杏仁核就会被激活，而杏仁核是大脑中处理痛苦情绪的脑区。苹果的体验店是 2017 年每平方米盈利最高的零售店，很多体验店都想模仿苹果的模式。在苹果的体验店中，产品价格的标签都很小。这样做其一是为了让用户尽量忽略价格——

避免大脑注意到价格后，激活负面情绪。如果用户带着一种负面情绪去体验产品，会更多关注产品的弱点而不是优点。只有忽视价格用户才会更加客观地对产品进行体验，发现产品更多的优点。其二是在强调价格的不重要——用户买的是科技，是设计，因为这些不是用钱能衡量的。这个策略也是为了避免用户对价格过度聚焦。另外，苹果体验店不会贴一些印有减价活动的海报，也没有产品贬值的标签。因为这样的信息会暗示用户买了会有后悔的可能，会唤起用户的负面心理。在人们心中花大价钱购买苹果手机这样贵的产品，更多的心理需求是希望能保值或者升值。

在产品设计中，行为降位的技术一般采用在那些容易引发人们反感等负面感觉的产品中，它可以降低人们对自身行为的厌恶、无助、痛苦的感觉。发生在美国的"一滴血检测仪"大骗局就是利用了行为降位的方式获得了人们的认可。骗局的主角伊丽莎白·福尔摩斯借助人们对抽血这件事的厌恶——怕疼、晕针、晕血的负面感觉，提出了一个研发"一滴血检测仪"的想法。有了这个仪器，病人就不再需要用细长的针头来抽好几管血，也不需要用橡皮管勒紧胳膊，承受那么多的疼痛和不适。只要从手指上取一滴血，就可以检测300多种疾病。她的想法受到了不少投资商的青睐，使她敛了不少财，可结果是项目不可行，一滴血根本无法达到检测效果。人们之所以会相信这样的事情，归根到底是因为人们反感抽血这个行为，想通过减轻行为效果的反馈，来改变这一痛苦的行为。这就是这个项目的"价值"所在。

行为降位的第 2 种方法就是让行为变得无意识，在不知不觉中发生。用户在苹果的体验店付款的时候不需要排队，也没有明显的结算柜台。整个结账过程轻松流畅。付完钱你会发现，本来只是想随便看看，不知不觉中居然买了一部1万多元的手机。苹果体验店的其中一个经营核心就是对购买行为进行了降位处理，让用户在不知不觉中完成交易。

信用卡出现后，人们花钱便更加没有感觉了。用户只要轻轻一划，就完成了付款，省去了掏钱包、数钱、找钱这些烦琐的过程。而过程烦琐会让用户花钱较为谨慎，换成信用卡后，没有了接触钱的过程，用户花钱的痛苦感就变弱了。这大大降低了用户花钱行为的反馈，会导致用户在不知不觉中花出去很多钱。

现如今有了移动支付，花钱的过程就更加简单了——只要用手机轻轻扫一下，付款就完成了。既不见钱，也不见卡，花钱的过程让人更加没有感觉。物美超市的多点APP支付方式还可以设置成"秒付"，连输密码的环节也可以省略，只要二维码一扫，支付就成功了。购物网站也在采取一键购物的方式，为用户提供更多便利。虽然这些方式都让花钱变得简单、方便、轻松极了，但你有没有发现你花的钱越来越多了呢？

降位就是尽量减少人们对行为过程的感受，和对行为反馈的感受，让人在不知不觉中完成一些事情。简单来说，让人对自己的行为没有感觉，就是对行为的降位。行为降位的技术能够让人们产生轻松、愉悦、方便、无限制的自由感、阔气感、大方感、尊贵感。比如，你入住高级酒店的时候，车开到酒店门口，马上就有人为你提行李、泊车、开酒店门，还有人帮你拿脱下来的外套等。这些行为都采用了降位的方式——省去了你自己停车、自己拿行李、自己开门、自己拿外套等费时费力的过程。行为效果的降位会让你感到自己在享受一种高级的服务。

行为降位的第 3 种方式是降低行为的复杂度，使行为变得简单和克制，不追求夸张的表达。微信推出小程序后，各种小程序的数量增长十分迅速，主要原因在于小程序相比公众号、APP 有自己独特的优势——不需要关注、不需要下载，用户点击或使用过一次后，会默认出现在用户的小程序列表里，减少了用户涉及和参与很多繁复的环节。所以小程序之所以受到用户的喜爱，也是因为它采用了行为降位的处理方式——让操作变得简单而容易。

在线消费提供的很多服务，都是在尽力采用行为反馈降位的方式，比如说外卖。很多人喜欢点外卖的根本原因是它省去了人们做饭或外出就餐的烦琐行为过程——去超市、买菜、做饭或者走到餐馆、排队点餐等环节。只要在手机上点一点，就可以坐享美味。还比如，一些深受女性欢迎的多效合一护肤霜。把女性烦琐的护肤过程，汇集和浓缩在一个产品中，让护肤一步到位，这都是采用了行为降位的处理方式。

4. 如何提炼带有情感的感官体验

感官刺激的升、降位是指用户在使用产品和接收信息的时候，通过对其感官刺激进行升位（超出一般感官刺激）或者降位（低于一般刺激）的处理，让产品和信息带有鲜明的情感。

味觉刺激的升、降位

味觉刺激升位最普遍的方法就是提升刺激的鲜明度，让其味道比普通口味稍刺激一点。对味觉刺激进行升位,可以提升大脑的感受度,提升产品的生动感、刺激感以及激情感。大部分让我们感觉好吃的食物,都是在味觉上做了升位处理。它们普遍比我们在家里做的食物味道更重一点——更咸一点、更甜一点、更浓郁一点等。原因就是通过对味觉刺激的升位处理,能够让人们感受到更有感觉的味觉刺激,从而使人们更喜欢这种有效的刺激。

对味觉进行升位处理的前提是,我们必须要知道是什么在决定着人们的味觉。不然的话,我们无法真正有效地实现味觉升位处理。牛津大学的心理学教授查尔斯·斯彭思进行了一项实验研究声音对味道的影响。他们让被试戴上耳机,然后用麦克风获取嘴咀嚼薯片的声音,用耳机播放给被试听。让被试对薯片的脆度进行评分。结果发现,耳机里咀嚼薯片的声音越大,被试感觉薯片的脆度和新鲜度越高。我们通常认为是牙齿和嘴巴在感受脆度。但是大脑同时也在提取"咯吱咯吱"的声音,并通过声音的大小来判断碎片的脆度和新鲜度。这个实验说明,提升感官的某种刺激的感受可以提升我们对食物的感觉。所以对味觉刺激的升位处理还可以通过提升人们在咀嚼的时候发出的声音来提升味觉的刺激,比如,人们在咀嚼旺旺雪饼的时候会发出"咔嚓咔嚓"的声音。这在很大程度上提升了对大脑的刺激,这样的声音会让大脑感觉雪饼很脆很好吃。这就是对味觉刺激进行升位后产生的效果。

在饮食习惯中讲求"色香味俱全",其中的色就是颜色鲜艳、新鲜,也可以说是卖相要好。厨师对菜进行调色的过程就是对其在进行视觉升位处理——试图让菜看上去就好吃。那么视觉真的会影响人们的味觉吗?查尔斯·斯彭思教授也做了同样的实验。研究者在奶酪洋葱味的袋子里放了盐醋味的薯片让被试品尝,实验发现大部分的被试都认为自己吃的是奶酪洋葱味的薯片。这是由于大脑对包装的视觉感知形成一种预判，人们带着这种预判去品尝事物时，如果预判与感知不符，人们很容易屈从预判——相信自己看到的，而不是尝到的味道。人们更容易相信"眼见为实"。这就是视觉对味觉的影响。当食物卖相好的时候会开启大脑的预期，预期就是一种意志，人们带着这种意志去品尝食物，就会感觉食物很好吃。所以，提升食物的卖相就能提升人们对其的味觉体验。

"色香味俱全"的香和味都与气味嗅觉紧密地关联在一起。查尔斯·斯彭思教授也对嗅觉对味觉的影响做了研究。他先让被试用夹子夹住鼻子，让他们闻不到味道，再让他们吃薯片。结果发现，大部分被试都无法正确地说出薯片的口味。他们会把牛肉味的薯片说成洋葱味、奶酪味或者培根味等。然后，让被试拿掉夹子再次回味口中的味道，他们才发现自己吃的是牛肉味的薯片。经过研究发现，味道中有75%~95%来自嗅觉。这就是气味在味觉中发挥的作用。

这一系列的研究都告诉我们，对味觉刺激的升位处理需要从视觉、嗅觉、听觉等方面全面提升，因为这些因素都与味觉紧密地关联在一起。并不是只要做好味蕾对其的感受就算做好了味觉刺激的升位处理。

味觉刺激升位的另一种方法就是制造特别的刺激和特别的口感。螺蛳粉是柳州的特色小吃，近些年很多地方的街边都出现了售卖螺蛳粉的小店，生意十分不错。这其中除了媒体对其的宣传，另外就是螺蛳粉独特的味道——闻起来有一种臭臭的味道。这种味道来自其中的一种配料——酸笋。臭虽然不是人们喜欢的味道，但它却会激活大脑的愉悦回路，让大脑释放出多巴胺，让人们体验到愉悦感。神经学家研究发现，当人们体验到痛苦和糟糕的感觉时，大脑的愉悦回路会被激活。在味觉体验中，臭、苦、辣等让人感觉不舒服的刺激，都会激活大脑的愉悦回路。也就是说，有时候适度的痛苦刺激反而会让人体验到愉悦。这是为什么呢？原因就在于当人们体验到不好的感觉时，大脑会释放多巴胺来帮人们抑制痛苦，而多巴胺能够让人感受到愉悦。痛苦和快乐掺杂在一起，就是人们常说的"痛并快乐着"的感觉。就像我们在吃辣的时候，会一边喊着"好辣啊！"一边不停地往嘴里塞食物，这就是"痛并快乐着"。人们迷恋酒、咖啡、火锅、臭豆腐等奇怪的味道、难以接受的口感，而且很容易对那些带有刺激口感的食物上瘾，总的来说是因为它们符合了让人上瘾的脑机制——适度的负面感觉会激活大脑的愉悦回路，让人们体验到痛苦之后的愉悦感。

人们迷恋味觉刺激食物的另一个原因是，大脑中适度的感官刺激常与食物的某种特别功能关联在一起，让人们产生了它能带给自己好处的信念——"特别的刺激"关联着"特别的功效"，即当食物带有某种适度的刺激时，人们会感觉它有某种独特的功效或好处。比如，国外有一种酒叫野格，它产自德国，后来被引入美国，受到很多人的追捧。而这种酒的独特之处就在于它有一股难闻的煤油味，但正是这种奇怪的味道让人们对它情有独钟。事实证明，酒的味道越是让人反感，人们就越是相信其中有神奇的功效。在人们的大脑中，奇怪的味道总是与某种特别的功能关联在一起。所以，如果你的产品有某种独特的功能，那么最好也要有一些奇怪的味道或口感，这样消费者对产品的信任度就会提升。这就是人们都愿意相信"良药苦口"的道理。

螺蛳粉中的酸笋有臭臭的味道，是笋发酵的结果。人们在大脑中会将这种酸臭的味道与丰富的营养关联在一起。还有北京人喜欢喝的豆汁,也有一股酸酸臭臭的味道。因为它是将绿豆磨成粉,加水发酵后制成的。看上去像芝麻糊,但闻起来有股泔水的味道。大多数人第一次都喝不习惯,但是当别人告诉你它富含某种维生素和粗纤维,具有美容养颜的作用时,也许你就更容易接受这种糟糕的味道了。这就是将一种奇怪的味道和某种特别的功能关联在一起,提高了人们对这种产品信任程度的结果。

味觉刺激的降位,就是减少人们味觉上的刺激,还原食物本来的味道。日本人的饮食习惯是追求食物原本的味道,就是一种降位的方式。它比我们平时对食物口感刺激的追求要弱,会给人一种清淡自然、朴素简约的感觉。千禾酱油推出了零添加的高端酱油,强调味精零添加、着色剂零添加、防腐剂零添加、甜味剂零添加、增味剂零添加。这就是采用降位处理的方法,以此给用户自然、纯正的感觉。

因为升位和降位都是针对人们的普遍感受而展开的,所以我们要知道群体普遍感受的水平线在哪里。比如,川菜受到了各地人们的喜爱,但是四川人能接受的辣度,在他们来看是一个很平常的辣度,但是对北方人来说,有些辣是根本受不了的。所以北方人吃到的很多川菜都是在原来的基础上对辣进行了降位处理——少放辣,降低了辣度。以此来适应各地人的口味。

视觉刺激的升降位

视觉刺激的升位是指提升视觉的冲击力,最主要的方式是提升色彩的饱和度，视觉上的层次感，以及画面的生动性。肯德基广告中汉堡的诱人照片，之所以让你看了直流口水，那可是商家下了大功夫才做出来的效果。炸鸡腿油亮亮、黄灿灿、酥脆脆的感觉，生菜嫩绿、新鲜的感觉，还有那面包饱满松软的感觉等，我们用一般的方式是拍不出来的。拍那样一组完美的照片，需要一个复杂细致的，像拍摄电影大片一样的工作流程。不信你可以用自己的手机拍一张汉堡照片，然后与广告中的照片对比一下，你就会发现差别在哪里。当然，如今的智能手机摄影功能非常厉害，它会自动帮我们对照片进行一些优化处理，所以我们拍出来的汉堡也不会很难看。尽管如此，与那些通过专业的摄影技术拍出的照片比起来还是有天壤之别。商家之所以煞费苦心这样做，就是为了提升照片的视觉冲击力，为了让用户一看到就感觉很好吃。

我女儿小时候，逛超市时第一次看到脆脆鲨的包装，就非要她妈妈给她买。买回来后，她就迫不及待地打开并咬了一口。不可思议的是，她皱着眉头看着脆脆鲨问妈妈："妈妈，它怎么不是一层一层的呢？我吃的这个不是包装盒上的这种。"她妈妈这才明白，女儿是看到图片上的脆脆鲨黑白分明、层次鲜明，才感觉这东西一定很好吃，才非要买的。于是就对她说："是你咬得太碎了。"可是女儿反复地尝试，一根脆脆鲨都吃完了，也没有吃出包装上一层一层的效果。她叹了口气说："根本就咬不出那样的效果。"从那以后，她就很少再嚷嚷着要吃脆脆鲨了。其实，脆脆鲨包装上的照片是通过摄影技术和后期3D制作才产生了如此诱人的效果。实际上，不管你怎么咬都是糊在一起的，不会有一层白一层黑的效果。产品通过升位处理后，生动形象的照片，会让人们看到就想吃，这就是它的直接效果。视觉刺激升位就是在真实产品的基础上，提升产品的生动性、层次感和立体感。这是让产品带感的一种重要方法。

视觉刺激的升位处理的另外一种方法是直观的视觉呈现。展示产品功能的视觉效果，可以大大提升用户的购买欲。比如，对于一款吸螨仪产品来说，在一般情况下，用户更多会顾虑机器是否能将螨虫那么小的东西吸除。要想消除用户的这种顾虑，商家就可以采用视觉刺激的升位处理——让用户直观地看到产品效果的强大。在一款吸螨仪产品的广告中，设计这样的画面，先将一些白色粉末倒在被子下面，然后用吸螨仪隔着被子吸下面的粉末，掀起被子发现粉末已经被吸得干干净净。这种直观的视觉冲击，会消除用户对产品吸力的质疑。这种方式可成功地对产品功能的视觉刺激进行升位处理，让产品所带的情感变得鲜明。

市面上有一种黑色的清洁面膜，贴在脸上后会产生白色泡沫，而且用户的脸越脏就会膨胀出越多的泡沫。这款产品受到了很多人的喜爱，也是采用了产品功能的视觉升位处理。视觉的升位是让不明显的、平常的状态，借助一些方法变得直观、明显和生动，让用户直观地看到、感受到其效果。

在新冠肺炎疫情期间，提倡大家勤洗手，科学洗手成了一个重要的问题。有人别出心裁地为大家展现了如果不科学的洗手等于不洗手的原因。他们把洗手液换成了墨水,将墨水点手中,按照我们平时洗手的方式简单地搓几下。我们会直观地发现,手指的各个缝隙和侧面都洗不到。这就是通过视觉化的升位技术,让大脑直观地看到错误洗手产生的效果,从而使人们科学洗手的方法。

视觉刺激的降位是尽量避免对大脑进行强烈的视觉刺激。让视觉刺激变得比常态还要弱。比如,在医院里,不管是墙壁的颜色,还是医生护士的服装等,都是以白色为基调,搭配上浅绿、天蓝、浅灰等较淡的色彩。因为这样既能帮助病人稳定情绪、放松心情,又不会让人觉得冷清。

前文说到的无印良品的服装设计,就是在采用视觉降位的处理方式,尽量不对视觉造成强烈的刺激。这样的视觉降位处理会给人一种朴素、自然的感觉。曾经火爆一时的电视剧《延禧攻略》的服装和美工基本采取低饱和的颜色设计,反而给人一种高贵的力量感。但不是所有产品采用视觉降位处理都会有这样的感觉,这更多取决于材质。《延禧攻略》里的服装大都采用丝织品,是丝织品的光泽感和垂顺感给人们呈现了一种高贵感和富贵感。

第四章
如何设计激活用户感觉的"一致情感"

1. 意义与情感保持一致

信息所带的情感,是否能高效、精准地启动用户的某种感觉。不但取决于信息所带情感的鲜明度,还取决于信息所带情感的纯度——所带情感的一致性。我们需要对信息中所带情感进行 5 层提纯,才能达到高效激活用户感觉的效果。

让信息变得情感一致的第 1 层提纯:意义与情感一致。我们来看下面这两组字。你感觉哪一组看起来比较吃力呢?

大部人会认为是第 2 组字看起来比较吃力,这是因为字的颜色(表现方式)和字意发生了冲突——不一致。我们在前文中说过,信息的意义决定着信息的情感。当意义与其存在的形式不一致时,大脑对信息的加工就会比较吃力,结果是大脑关注第 2 组字的时候,花了比第 1 组更多的时间。在同样一项研究中,"黄"字用了蓝色,"红"字用了黄色,"蓝"字用了红色,结果也出现了同样的效果——大脑辨认起来比较吃力。这就是斯特鲁普效应。语言认知、意义与颜色知觉形式之间存在冲突,会使大脑在接触信息的时候受到阻碍。这就好比商家在广告中强调"圆润"这个词的时候,用了一种非常硬朗、棱角分明的字体,使得圆润的意义与表现方式出现冲突,导致用户对其感觉混乱。

亚罗·邓纳姆是耶鲁大学的一名心理学教授。他曾做过一项研究,在两个按钮上分别标记"好"和"坏"。让白人儿童做被试,在看到屏幕上出现一张好的图片，比如，一块好吃的比萨时，就要快速地按下"好"的按钮；当看到坏的东西，比如，看到蜘蛛时，要快速按下"坏"的按钮。这是实验的第 1 个阶段，"好"和好的事物，"坏"和坏的事物是一致的，是相对应的。

之后，在实验的第 2 个阶段，按钮的标记被换成了"白"和"黑"。孩子们要把看到的白人和黑人面孔的照片，通过按钮快速地进行分类。接下来实验的难度升级，孩子们被要求同时进行两项任务。这时两个按钮的标记又一次进行了更改，一个按钮是"白、好"，另一个按钮是"黑、坏"。然后，重复这个实验，让孩子们看到白人的脸或好的照片按标示着"白、好"的按钮，反之就按"黑、坏"的按钮。到目前为止这个实验中事物的意义与情感（按钮上的标示）是一致的，这对孩子来说还是非常容易的。

接下来，这项研究进入了最关键的时刻。研究人员将两个按钮的标记进一步调整，一个按钮标记"黑、好"，另一个标记"白、坏"。如果屏幕上出现的是一张面孔，还是要使用白或黑来区分，按下对应的按钮。但如果是人脸以外的其他事物，就要使用"好""坏"按钮进行区分，并按下正确的那一个按钮。

那么，孩子能在这个环节迅速做出判断吗？研究发现，当按钮的标示被改变成"黑、好""白、坏"后，孩子们按下按钮的速度就会明显变慢。这是因为大脑对信息中的情感识别没有那么容易了。也就是说，信息中的情感变得混乱、不鲜明了。整个实验呈现了大脑在进行信息判断时的运作模式。一旦大脑在面对信息时判断和决策的时间变长，就意味着信息背后的意义与所带的情感是混乱的，不能被大脑轻松地识别。在实验的前两个阶段孩子们能够迅速按下按钮，是因为按钮与照片所带的情感是一致的，"好"对应着好，"坏"对应着坏；"白"对应着白人，"黑"对应着黑人。事物的意义与情感一致使得大脑可以轻松地识别出来，容易进行情感匹配。

某品牌抽油烟机想在宣传中提高人们对油烟机的重视度，提出了"烟嗓"的概念。烟嗓一般是指长期抽烟，嗓子沙哑的不健康状态。厨房油烟长期排不干净也会造成烟嗓。在我们的印象中，烟嗓是由外部刺激造成的嗓子不健康的状态，带有负面的情感。该品牌试图借助自家的抽油烟机可以净化油烟，避免用户因吸入过多油烟造成烟嗓来促进销量。这本是一个很好的卖点。但是，该品牌却娱乐化地向用户呈现出油烟带来的伤害——创作出一首《勇敢说再见》的歌曲，由烟嗓歌手张宇、黄小琥演唱。歌手张宇、黄小琥之所以被大家广为熟知，就是因为他们富有个性且好听的音色。该品牌将烟嗓与歌手张宇、黄小琥关联在一起，这让烟嗓带有正面情感。油烟造成的烟嗓，与音色好听的张宇、黄小琥的烟嗓，一个带着负面情感，一个带着正面情感，两者放在一起会造成情感的混乱。很多人都想拥有他们那样好听的声音，如果油烟能造成那样的烟嗓，岂不是一种好事吗？商家到底是要告诉消费者烟嗓是好还是不好呢？这就是烟嗓的意义与所带的情感不一致导致的混乱。在这种混乱的情感中人们是很难对该品牌抽油烟机产生鲜明的正面情感的。

人的大脑处理信息的匹配模式——与大脑中的模型进行匹配。这个大脑中的模型是被情感化的。事物所带的意义与情感一致时，能够使其轻松地与大脑中的情感模型进行快速匹配。就像蝴蝶所带的情感是好的，这已经在大脑中建立起稳定的关联，如果你将蝴蝶与坏关联在一起，就与大脑中的模型不一致了，这样一来大脑理解起来就比较吃力。一致是要与大脑中的情感模型相一致。事物的意义与大脑中的模型越是保持一致，大脑就越是能不费力气地认出信息，信息就越是容易在不知不觉中被带入大脑。这就是保持情感鲜明的第1层提纯：意义（表达方式、认知）与情感的一致。

2. 元素之间情感一致

让信息变得情感一致，我们还要对信息进行第2层提纯——统一信息中各个元素之间的情感，确保其一致性。包括各个素材、各个环节，都要统一指向同一种事物、同一种状态、同一种情感、同一种感觉。

大多数人看到"盐、深、浪"这三个词时会想到"海"。大脑的这种联想模式叫作远隔联想，最早由萨乐诺夫·梅德尼克在1960年左右通过其设计的一种测验发现的。研究者向被试提供几个相隔较远的词组，让人说出它们共同的关联词。就像说到"盐、深、浪"大家都会想到"海"一样。大脑不但会自动在词与词之间寻找内在关联，也会在情景、事物、行为之间寻找内在关联。寻找内在关联是大脑认识和理解事物的一种重要的方式。

那么，大脑是如何通过寻找内在关联的模式来理解和认识一个人的呢？如果你要描述一个女孩，你说她长得文静而秀气，这是一种情感一致的表述方式，因为文静和秀气带有同样的情感——大脑能够在两个词之间建立内在关联。看到这句话，你的大脑中很容易想象到一个长相秀气文静的女孩形象。但是如果你说"她长得很文静，说话的样子很彪悍"。就会让人有点摸不着头脑，因为"文静"

和"彪悍"所带的情感是不一样的。在人们看来,文静的女孩不会彪悍地说话,这样的描述会把一个带有鲜明情感的女孩形象复杂化。大脑无法凭借无意识的加工模式在两者之间建立内在关联。在想象这个女孩形象的时候,大脑会产生分裂——一个淑女的形象与一个女汉子的形象,很难将两者捏合在一起。这样的信息就是碎片状的、混乱状的——因为大脑无法轻松地塑造人物元素之间内在的一致性。

当然了,也不是不能塑造这样存在冲突的人物形象,而是情感化的世界是个非好即坏的世界,一旦出现模棱两可的信息,就会打破大脑的自动运作模式,而需要切换到手动模式,这样一来,我们就会在不知不觉中错过进入用户大脑的机会。

当你看到一段视频广告中,一个漂亮的女孩穿着一件漂亮的裙子,你的第一感觉是什么呢?其实漂亮的女孩和漂亮的裙子之间并不存在什么关联,因为漂亮的女孩本身就漂亮,而漂亮的裙子也是这样。但大脑会在这两者间建立起内在的关联——认为裙子可以让人变得漂亮,或者认为这种裙子是适合漂亮的女孩穿的。由于这两者所带的情感一致,使得大脑能轻松地建立起两者的内在关联。

大脑不但能在物与人之间建立起内在的一致性关联,也能在物与人、场景之间建立起内在的一致性关联。如果这个漂亮的女孩穿着这条裙子,出现在一个五星级酒店的高端酒会上,那么这条裙子就又与酒会关联在了一起。大脑会认为这样的裙子很适合参加这样的高端场合。这里有个问题——为什么将漂亮的裙子、漂亮的女孩、高端酒会放在一起,会让你想到变得漂亮以及美好的东西,而不是别的呢?因为漂亮的女孩、漂亮的裙子、高端酒会这三者之间所带的情感是一致的——美好的，使得大脑能够轻松、顺利、自动地在三者间找到内在的关联。这时如果让你给那条裙子估个价，你一定会认为这条裙子价值不菲。情感一致可以让大脑容易在事物间建立起内在关联，影响大脑对事物的判断。

我们来看一个目标用户定位在年轻人的酒的广告。广告的开头提出一个问题"你为青春做了什么"。接下来假设了4种情况，同时展现了4个情景：黏在游戏里？黏在漫画里？黏在手机里？黏在枕头里？

当这4种情景展现在你面前的时候，我们的大脑会在其中寻找共同点——内在的关联。从这4个情景来看，它们的共同点是"宅"和"蔫"。大脑会联想到"足不出户，很少与别人交往互动"的情景，构建起一种萎靡不振的生活状态。

到目前为止，这个广告的元素与元素之间情感保持相对一致。4个情景之间相一致，即统一指向一种状态——"宅、蔫、萎靡不振"。在一组信息中，单个信息须指向一致，信息组中的信息只能是递进关系，而不能互不相干。如果用户接收到的信息不能一致性地指向同一个对象或者状态，那么大脑的联想就是混乱的，很难达到定向启动的效果。

广告在展现完这些情景之后，下一句广告语是"动起来吧"。单看这句话，人们会联想到运动起来——跑步、健身、野外挑战等情景。针对这4种情景，衔接这样一句广告语虽然从表面看是说得通的，因为那4个情境也共同指向了待着不动的状态。但这是一则酒的广告，这样的口号与酒所带的情感并不一致，因为运动和酒的关联并不紧密。人们在想到酒的时候，会联想到人与人聚在一起把酒言欢、尽情释放的画面。在广告提出"动起来吧"的口号时,画面展示的是一群年轻人在沙滩上聚会,大家一起举杯畅饮互动的画面。画面的内容虽没有问题,但是和"动起来吧"的广告语关联在一起就会略显牵强。广告将运动与酒关联在一起,使得整个信息出现了混乱。如果在这里用"嗨起来吧""互动起来吧"会更好,既与之前的 4 个情景传达出的情感相对应,又与酒所带的情感相一致。这其中最主要的问题是,广告语违背了第 2 个一致性原则——信息与产品之间情感要相一致,使得"动起来吧"与酒这个产品所带的情感是不一致的,使得大脑不容易在酒和运动之间建立起一致性关联。

为统一信息中各个元素之间的情感,确保其一致性,还存在第 3 个一致性原则——产品定位与受众相一致。在这个广告中,前面展示的 4 个黏在家里的情景以及后面的聚会情景,都选择了与产品定位高度一致的年轻人。这很好地保持了产品定位与受众相一致。

第 4 个一致性原则是,品牌核心情感与产品情感相一致。在产品的打造中不能影响品牌形象的塑造。迪奥有一款香水叫毒药。这个品名虽带有负面情感,但销量依然很好,这其中最重要的原因是产品和品牌的核心情感是保持一致的。香水的本质是通过气味来制造吸引力,而毒药这个名字带有彻底控制和征服的情感,能够更加彰显品牌的核心情感。产品的打造要符合品牌核心情感,不然品牌将会在各种情感混乱的产品线中失去个性和核心价值。

让品牌与产品带感最重要的一个原则就是建立起一致性——单个元素意义与情感的一致性,信息中元素与元素之间、各环节之间所带情感的一致性。产品和品牌打造的每一个环节,都是在借助不同的元素来塑造品牌的核心情感。品牌的广告、文案、产品设计、广告中的配乐等所有信息，放在一起要能让用户联想到同一个概念，或者获得同一种感觉。比如，苹果手机颜色的设计、广告语的设计、专卖店形象的设计以及营销方式等，整个过程都是围绕同一种情感和理念展开的，都给了人们一种科技感、现代感和高级感。

3. 避免间接信息所带情感的不一致

产品和品牌需要建立起一致性的地方，不只在商家设计和运营的触手可及之处，还要延伸到与产品和品牌存在间接联系的地方。虽然这些地方看似没有与产品和品牌直接相关，但是这些因素也会是导致产品和品牌情感混乱的重要环节。而且这些地方更容易被忽视，如果商家处理不好，很有可能导致产品和品牌在市场上惨败。

所有信息相一致会促进用户做出购买决策，而不一致则会阻碍用户做出购买决策。比如，当一位用户盯上一个产品的时候，产品页的信息都一致地呈现出产品的一流品质，但是当用户在深入看产品评价的时候，注意到了一两条针对产品质量的负面评价。虽然只有一两条差评，但也会让用户对这个产品的好感大打折扣。因为这会冲击到用户的大脑对产品建立起来的一致性，大大削弱用户的购买冲动。情感的一致性，是促使用户做出购买决策的核心机制。购买产品的时候，用户之所以会犹豫不决，就是因为这种一致性无法被建立起来。

一致性不单单要体现在产品信息呈现上，用户内心的某些因素也会导致这种一致性无法建立起来。商家也需要解决用户内心存在的与产品所呈现的信息不一致的内容。比如，你想购买一款减肥药。商家对产品的塑造十分完美，但是由于你对药物减肥副作用的担心，让你迟迟不能下决心购买。这时虽然商家在尽量建立产品信息的一致性，但是始终无法打消你对产品副作用的顾虑。这种顾虑让用户对产品无法建立起一致性，削弱了用户购买产品的冲动。这就需要商家积极发现，并且主动消除用户心中的这种顾虑。

所以，当商家向用户推销产品的时候，一定要尽可能多地保持产品、使用、品质、服务等一切相关环节信息的一致性。围绕产品的所有信息，都要追求一致性的原则，无论这些信息与产品直接相关还是间接相关，因为它们都有可能影响用户的购买决策。

4. 避免多余情感的干扰

大脑对事物的情感化，就是对事物进行了情感设定。比如，提到"聚划算"，大脑会对"聚划算"这个符号产生一种预期，认为那里有很便宜的东西。事物所带的情感，对大脑来说最根本的作用就是预测，大脑是靠情感来判断事物可能的样子。情感就像天气预报一样，对未来有预测功能。

当你为大脑提供情感鲜明的信息时，就会打开大脑对事物的预期，也就是大脑对事物的期待。比如，你给消费者展示一个饱满红润的大苹果，这会让消费者预测到这个苹果又甜又可口，进而会下单购买。还比如，一提到哈尔滨这座城市，人们就会将其与雪关联起来。在人们的大脑中,情感鲜明的事物是与某些信息自动关联在一起的。情感是用户掌控和预测事物的渠道。

提到奶牛,人们普遍会想到内蒙古,伊利、蒙牛这些和牛奶相关的企业都出自那里。因为那里有优质的牧草,适合奶牛生长,可以生产出优质的牛奶。当你看到一款奶片产地是内蒙古时,你会认为它是正宗的奶片,因为内蒙古有优质的奶源。这是因为优质的奶源和内蒙古的大草原关联在一起,这样的产品信息已经有效地植入了用户的大脑,让大脑对奶片产生了美好的期待。到这个阶段,大脑已经成功地在奶片与内蒙古之间建立了一致性的关联。

但是,当你再仔细一看这款奶片的产品介绍,却发现它强调奶源来自新西兰。看到这样的信息,你马上就会对这款产品产生怀疑,因为内蒙古的品牌让大脑完成了对美好的联想,对奶片产生了美好的预期,此时再加入新西兰这样的元素,会扰乱之前大脑建立起来的一致性关联,而商家试图让奶片与新西兰建立关联的目的也无法实现,因为人们对新西兰并没有对内蒙大草原那么熟悉,并不知道产品原材料是否出自真正的新西兰优质奶源。结果是本来已经建立起来的正面关联,添加进多余的信息,反而让用户对产品产生怀疑,这就是画蛇添足的结果。

5. 避免所带情感含糊不清

当事物与素材中带有相反的或者复杂的多种情感时,商家要谨慎使用,尽量避免存在歧义的素材和信息出现在产品或者品牌中。

国外有一个运动服装品牌,在运动衫的洗涤说明上标注了这样一句话:"把它交给你的女人,洗衣是她们的事"。有人把它拍下来传到了网上,引起了网友疯狂转发和讨论。大家认为这是对女性的歧视和嘲笑,品牌方不得不出面向大众解释,说本意是想跟男性开个玩笑,表达在洗衣这方面还是女性比较在行,可是这样的说法并不能让大众满意。这就是歧义造成的尴尬后果,这样的歧义信息很多时候与表达方式有关。如果那句话出现在视频广告中,加上演员的表情和语气,也许就不会造成这样的误解。但是以文字形式呈现就很容易让用户想太多。所以,商家一定要慎用带有歧义的信息。

第五章
如何控制激活用户感觉的"情感强度"

1. 强度优先

　　情感是有强弱之分的，事物所带情感的强弱决定了其情感是否有效地激活人们的感觉。恰到好处的情感强度，是有效启动感觉的一个重要指标。

　　当你看到蛋糕和呕吐物这两个词的时候，会产生什么感觉呢？蛋糕让人感到美好，呕吐物让人感到恶心。那么，这两种感觉哪一种更强烈呢？一定是恶心的感觉，如果把这两个词放在一起，恐怕你连看到蛋糕这个词也会感到恶心。如果是这两样东西放在一起，你的这种感觉会更加强烈，你对蛋糕的食欲会荡然无存。这是由于在整个过程中，呕吐物主导了你的感觉，呕吐物所带的情感强于蛋糕所带的情感造成的。

　　在信息中，情感强的事物会优先启动大脑，而且对关联起主导作用。在信息中，你一定要弄清楚谁的情感最强，谁的情感较弱。只有这样才能让主题更突出，有主有次，从而不至于产生混乱。

　　情感是否鲜明，决定着大脑对事物的态度是否鲜明。不同素材带有不同的情感，有的强有的弱。鲜明的情感带有强情感，不鲜明的情感则带有弱情感，以下我们简称强感和弱感。强感促使人们不假思索地对事物做出好坏的判断，所以强感会产生强态度。那么，什么是强态度、什么是弱态度呢？一个事物能让你不假思索地、快速地、自动地产生喜欢或者讨厌的感觉就是强态度，只有强感才能启动强态度。弱态度就是人们对其态度不明朗、不鲜明——即不好不坏，甚至是没有感觉。出现在你大脑中的信息，凡是需要你花时间深入思考的，不能让你直观地做出好坏判断的，就说明该信息的情感不鲜明。比如，当你看到"纸、桌子、地板"这样的词时，需要花更多时间去思考判断它想要传达的意思，就说明了其情感并不鲜明，属于中性的事物。

大脑能否在事物之间建立关联，很大程度上取决于信息中情感的强弱。情感的强弱在很大程度上决定商家是否能够有效地将信息和产品植入人们的大脑。

在人们的大脑中，事物是被情感化过的，即大脑对其进行了情感设定——都在带着不同程度的情感。所以，各种事物关联在一起，是否会产生我们想要的效果，取决于这些事物和素材中情感最强的那一个。

可口可乐公司计划于2020年推出一种用海洋回收塑料垃圾为原料生产的塑料瓶可乐。不管这种海洋回收垃圾是否含有毒害物质，也不管这种做法是否出于环保的考虑，在人们心中回收垃圾永远带有强烈的负面情感。即便商家可以确保这其中不会有任何有害物质，但是一提到垃圾，人们就会对可乐产生负面情感——失去兴趣。把海洋回收垃圾、环保、可口可乐这三者放在一起，主导这三者的情感，当然是垃圾。所以，这就决定了把可乐装在以海洋回收垃圾为原料制造的瓶子里，可乐的命运将和垃圾的命运是一样的——被用户回避。这就是垃圾在大脑中带有的情感过强造成的，所以，建议商家不要轻易将这种带有强烈负面情感的信息轻易引入产品，因为它的强度将盖过产品，直接影响人们对产品的感受。这就像呕吐物与蛋糕，我们无法抑制人们对呕吐物产生负面情感反应，这种反应是自动，想要扭转它不太容易，我们只能避免让产品与这些带有强烈负面情感的事物关联在一起。

说到威猛先生这一品牌大家通常会想到它生产的洁厕灵，因为这个品牌投入大量广告推广宣传的就是洁厕灵产品。在人们的大脑中威猛先生与洁厕灵紧密地关联在一起。几年前，在超市里遇到推销员向我介绍威猛先生的餐具洗洁精，告诉我那款产品的去污能力特别强。和我在一起的同事说："还是算了吧，总感觉威猛先生是专卖刷马桶的，放到厨房去也太别扭了吧。"这就是一个品牌与一个带有强烈情感的事物紧密地关联在一起后，接下来试图将其他的产品与这个品牌关联起来，将是非常困难的事情。因为洁厕灵这种产品带有的情感实在太强烈了，它会在很大程度上主导与其相关联产品的情感。

德芙巧克力曾邀请邓紫棋和韩国明星金秀贤一起拍过一个广告。这个广告中邓紫棋的旁白是"听说，下雨天，巧克力和音乐更配哦"，其实商家是想通过这个广告来打造巧克力适用的浪漫场景，将其与雨天、音乐关联起来。但是当把邓紫棋、金秀贤、德芙巧克力、雨天、音乐这些信息放在一起的时候，主导整个局面的肯定是邓紫棋和金秀贤。因为这两人所带的情感太强烈了。结果是，观众看完广告更多是记住了他们两个的表演，而没有在巧克力与雨天、音乐之间建立关联。这就是明星带有的情感过于强烈，导致观众的注意力都集中在了两位明星身上，抑制了大脑在巧克力与雨天、音乐之间建立起关联。

在围绕一个产品的各种因素中，比如品牌、价格、包装、设计、功能等，哪个因素所带的情感比较强呢？答案是价格。一个品牌所带的情感是比较稳定的，不是在短时间内能够塑造出来的。而产品的价格稍加调整，用户对其的情感就会瞬间发生变化。我们公司有一个同事很喜欢喝豆奶，她总是会在促销的时候囤一些货。她算了一下促销时一袋豆奶的价格在1.5元左右，特别划算。有一次她发现促销力度特别大，一袋居然只要0.5元，瞬间就感觉这东西不能喝了，感觉自己喝的并不是什么好东西。就是这样的一次经历，让她再也没有喝过那个品牌的豆奶。这就是价格变动瞬间改变了用户对产品的情感。还比如，你在网上看到一款价格非常高的牛奶，虽然你对那个品牌并不熟悉，但高价格也会让你感觉这是一款高端产品。高价格带有的强情感，会改变大脑的认知甚至是记忆。你会认为它也许是进口的牛奶、国外的品牌，甚至会感觉自己逛高端超市的时候见过这种奶。其实，你也不是很确定是否见过，但这就是强情感对你认知和记忆的影响。认知和记忆是服务于情感的，大脑对带有正面情感的产品进行关联的时候，其实就是在围绕一个点转圈。不管你怎么努力，都无法脱离正面情感对大脑的设定。高价格所带有的正面情感，会让大脑进行一致性、连贯性的关联——好的更好，坏的更坏。而产品的其他因素，比如设计、功能等的变化不像价格的变化一样，能对用户产生明显的影响，就是因为围绕一个产品的各种因素中，价格带有的情感最强，也最直接。

2. 意志决定

情感直观的判断就是好与坏，对与错，善与恶。从呕吐物与蛋糕的比较中我们可以看到，呕吐物的情感强度比蛋糕要强很多。那么是不是负面的情感普遍比正面的情感要强烈呢？

丹尼尔·卡尼曼和他的同事们在哈佛大学做过一个实验，被试都是医生，研究者给医生们看了两种肺癌治疗结果的数据，分别是手术治疗和放射治疗。手术治疗后可保证患者有5年的存活时间。

但是，手术治疗比放射治疗的风险要大。他们对手术短期风险的描述有两种：第一种描述是，在第一个月里患者的存活率是90%；第二种描述是，在第一个月里患者的死亡率是10%。参加实验的医生中有一半读到了第一种描述，另一半的医生读到了第二种描述。结果发现，读到第一种存活率描述的医生，有84%选择了手术疗法。读到第二种死亡率描述的医生，只有50%选择了放射疗法。在同一种状况下，采用两种不同的描述，为什么会让医生们对手术治疗的态度和判断，产生如此大的差别呢？

丹尼尔·卡尼曼和阿莫斯·特沃斯基把这种由于不一样的表达导致不一样结果的现象称为"框架效应"。框架效应是指同一个问题采用两种逻辑意义相似的说法会导致人们做出不同的决策和判断。在上述实验中，第一种表述是以存活率为框架，而第二种表述是以死亡率为框架。存活率带着一种正面的情感，而死亡率带着负面的情感。90%的存活率听上去会给人感觉手术的成功率很高，让人感到很心安。而10%的死亡率是在强调死亡的风险，会让人感到很恐惧。同一种状况由于表述不同所带有的情感强度不同，导致被试对其的态度不同。这其中大部分被试选择存活率，是因为被试的意志是希望病人活。所以，同一种状态的两种不同的表述，带有正面的情感的表述情感更强，因为医生对生的态度更强烈。

还比如，同一种牛奶的两种说明方式，所带有的情感强度也不同。一种表述是含有95%的脱脂牛奶，另一种表述是含有5%脂肪的牛奶，大多数人会认为第一种牛奶更健康。但实质上都是同一种牛奶，只是脱脂给人健康的感觉，脂肪给人不健康的感觉。大多数人选择健康的表述方式，是因为健康是每个人的意志。这样的意志让大脑对健康的表述方式情感更强烈。

正面的情感——存活、健康、得到、拥有、成功等，与负面的情感——死亡、不健康、损失、失去、失败等，哪种情感更强呢？这取决于大脑的意志。我们生存的世界是不确定的，人们时刻都会感到恐惧失去，这就是人类学家所称的"全景恐惧"。也就是一种扑面而来的失控感，不安全感。所以，大脑对失去的负面情感是非常敏感的。同样，人类又普遍存在对自我的"正向偏见"，认为自己掌控着自己的生活，不好的事情不会发生在自己头上，认为自己既好又对。所以，大脑对得到的正面情感也同样敏感。这两者中哪一种情感更强烈，取决于个体或者受众群体对信息的感受，也就是个体或者群体的意志。意志决定了个体或群体对信息的感觉。

保险公司卖的是一种无形的产品，是一份感觉。前文提到过"人要的是感觉而不是事实"。在很多年前，一家国外的保险公司的销售话术中，把保险形容成一种刹车的功能，当用户遇到困境的时候，可能会遭受很大的损失，会让用户的生活瞬间发生翻天覆地的变化。但是如果有了保险，用户就可以在遇到危机的时候，不再惧怕，也不会让自己的生活质量失去保障。这是从失去的框架来表述保险的功能的。很多销售人员采用这种表述方式，保险卖得并不好。该公司还有另外一种话术，这套话术采用了正面的表述方式。比如，强调保险的投资功能，保险可以让用户的生活变得更美好。当下做一次很少的投入，未来就能获得一个更大的收获。但是，据销售人员反映，这样的话术也会有人感觉效果不好。那么，到底是正面的表述方式还是负面的表述方式对用户影响更大，能有效地打动用户呢？

其实，这主要看用户的意志是什么？如果你对一个生意蒸蒸日上、没有烦恼的人谈失去、谈损失，他们多半是听不进去的。

因为他们根本就不相信负面的事情会发生在自己身上,采用负面的情感框架是很难说动他们的。对于这样的人,我们更适合采用正面情感的框架——让他们得到或者变得更好,他们才会买账。而对于那些工作、情感不顺的人就要采取负面的情感框架,因为他们更能感受到负面情况存在的可能性,采用负面的情感框架对他们来说会更有效。

所以,是正面情感更强还是负面情感更强,要看用户的意志是什么。商家首先要知道用户的意志是什么,再设计采用正面情感的表述还是负面情感的表述来影响用户。

3. 最佳表达

在情感的表述上,商家要根据用户的意志,来设置采用正面情感还是负面情感的表述方式,以增强情感强度。另外,对同一事物或同一状态进行不同程度的表述,所带的情感强度也不同。这会大大影响用户对事物的感觉。

1974年,美国的认知心理学家和人类记忆学家伊丽莎白·洛夫特斯和约翰·帕尔默,曾经做过一个实验。他们让被试观看一起两辆汽车相撞的交通事故短片,然后让被试评估车辆当时的速度是多少。研究者采用了不同的措辞来询问被试这个问题。这些措辞分为5种:

当两辆汽车接触到时,它们的速度是多少?
当两辆汽车剐蹭到时,它们的速度是多少?
当两辆汽车撞到时,它们的速度是多少?

当两辆汽车碰撞时,它们的速度是多少?
当两辆汽车猛撞时,它们的速度是多少?

结果发现,提问的措辞情感越强烈,被试就感觉车的速度越快。因为采用不同的措辞来描述同一种状态,会启动大脑对这一状态的不同感觉。不同的措辞会启动大脑不同的联想,措辞描述的状态,在大脑中与车速的快慢以及撞击的强度关联在一起。接触给人的感觉是轻轻地触碰在一起,而猛撞给人的感觉是力度非常大地碰在一起。措辞的情感越激烈,越会让被试联想到两车相撞时激烈的画面。所以要想减轻人们的感受,就要弱化对某种状态的描述,而要想让人们感觉强烈,就要增强对这种状态的描述。通过这个实验我们会发现,对同一种状态和事物进行不同程度的描述,所带的情感强度不同,对大脑的影响也不同。所以我们要根据需要对大脑产生影响的程度,对信息强度进行不同程度的加工。记住,能够达到我们的目的才是情感最强的表述方式。

麦当劳在2019年推出了"高端"产品松露系列汉堡,最后一句广告语是这样的:"松露覃菇嫩煎腿堡奢华上市"。这其中虽用到"奢华"这个词,但是消费者对其感觉比较弱。因为这个词用来形容食物,人们很难产生共鸣。这个词离普通用户比较远,而汉堡却是大众化的产品。要想让广告所要表达的感觉,更能被大众感受到,商家就要换一个既能表达产品昂贵,又能表达人们舍得花钱的词。也就是把指向产品的感觉,更多地指向大众。一般的人在表达这种感觉的时候,喜欢用像"豪气"这样的词,来形容一个人阔气大方的意思。这样的词会将指向产品的感觉更多指向对人的感觉。如果把广告语改成"松露覃菇嫩煎腿堡豪气上市"。当你请别人吃松露覃菇嫩煎腿堡时,别人也许能感受到你对朋友的大方和真诚,更能感受到它的高端品质。商家要想增强信息所带的情感，就要在表述上让一种感觉指向人比指向产品更多一点。这样一来，信息的情感就会被增强。

另外，对情感强度存在影响的还有一方面，那就是"二次理解"。二次理解就是大脑在收到信息的时候，不能通过信息所表达的意思，直接识别出其所带的情感，而需要进行二次加工才能理解信息的意思。"小蓝杯，谁不爱"这是瑞幸咖啡的广告语。广告语要表达的意思是"小蓝杯，人人爱"。人人爱和谁不爱这两种表述，对大脑来说明显是后者处理起来比较吃力，需要进行二次处理才能将信息翻译成"小蓝杯，谁都爱"或者"小蓝杯，人人爱"。通过二次处理的信息，情感强度就会变弱。因为二次处理会让大脑的意志集中在对信息的加工和理解上——也就是"进行理解"成了大脑的头等大事，而不是去感受信息中所带的情感。这会让大脑关注的焦点发生改变，所以情感的强度就会变弱。虽然"小蓝杯，谁不爱"这样的表达方式，避免了商家自吹自擂的嫌疑，但是只要大脑一思考，一去刻意理解，就说明信息所带的情感不够鲜明，不能让人瞬间对其产生鲜明的情感判断，大大降低了小蓝杯与正面情感建立关联的有效性。

第二部分

意志驱动

如何深层操控用户的感觉

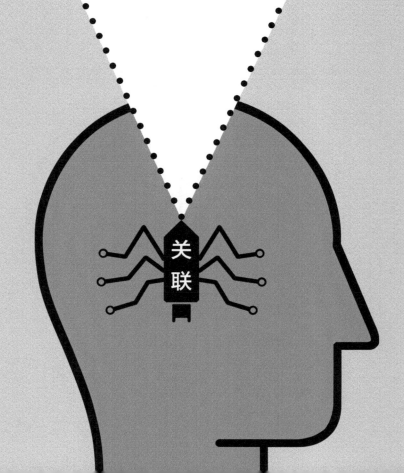

第六章

电醒脑虫

1. 什么是脑虫

正像丹尼尔·卡尼曼认为的那样——大脑是一台关联的机器。这虽然没有错，但这只是对大脑运作状态的一种表面描述。就像我形容关联是一只虫子一样，只是指出了它是怎样的一种存在。这里还有很多值得思考的问题，比如是什么在促使大脑进行关联的？也可以说，是什么让一只虫子动起来，具有了生命力的呢？如果没有动力，大脑是不会去制造什么关联的。大脑关联的目的是什么？大脑要把我们带向哪里？搞明白了这些问题，我们才知道如何赋予脑虫生命力——让它跑得更快，活得更久。这样我们就可以更有效、更持久地影响人的行为。

大脑的关联行为是在"意志"的驱动下产生和进行的，是意志在驱动着大脑不停地制造和寻找关联。关联是服务于大脑意志的。也可以说是"意志"让脑虫有了向前爬行的动力。动力永远是与方向关联在一起的，有动力就有方向和目标。意志的目的就是关联的目的。关联的目的是理解事物和解决问题。没有这个环节大脑无法理解事物也不会解决问题，更不会产生复杂的行为。一个生物进化的如何完全取决于大脑关联能力发展的程度。

其实，意志就是大脑在用力。大脑只要运作就是在用力。大脑意志是大脑用力调动生物资源掌控和实现目标的过程。大脑是一个"靠意志驱动的机器"。大脑的意志不断脑虫的生命不息。

情感对大脑的核心作用是它的启动功能。那么启动什么呢？启动意志。情感是为了启动大脑中的意志而存在的。真正让人产生行为的并不是情感，而是意志。但是，情感与意志之间还存在一个中间环节，那就是感觉。情感是个点火器。它的作用是激活大脑的电化反应——产生某种感觉。情感转化成感觉才能够激活大脑中的意志。情感激活的感觉越强烈，大脑中的意志就越强烈，输出的动力就越强大，人也就会越冲动。情感的刺激和外显的行为之间这个隐匿在大脑中的中间环节——感觉。感觉对人的行为起着至关重要的作用。感觉不到，大脑就会认为没有事情要发生，因此大脑既不会运作，也不会促使我们产生行为。大脑需要不断地从信息中获得情感，并将其转换成感觉，然后感觉又不断地增强大脑中的意志，促使人们做出行动或者持续行动。

情感 ·······情感唤醒感觉·······▶ 感觉 ·······感觉启动意志/感觉改变意志·······▶ 意志

大脑中的意志，由两种渠道进行转化和释放。一种是关联，另一种是行动。大脑受到情感刺激后，会产生一系列反应。例如看到蛇感到害怕，害怕的感觉唤醒了神经系统，让人产生跳起来或者逃跑的行为。这些行动让大脑中的意志达到释放。另外，你跳起来的同时发现那是一条死蛇。大脑重新对蛇进行了关联——死蛇不会伤人。这样的关联改变了你对蛇的感觉，让你不再那么害怕，从而终止了继续跑的行为。这就是行为的结果改变了大脑对蛇的认知，从而改变了对蛇的感觉。而如果你看到蛇并没有做出跑掉或者跳起来的行为，也并不代表你的大脑中什么也没有发生。因为蛇是带有鲜明情感的动物，它能启动大脑中的感觉，使其产生意志。看到蛇而没有跑或者跳的行为，是因为你的大脑做了新的关联——书上说这种蛇没有毒，不会伤人，很多人把它当宠物养。这样的关联改变了你对蛇的感觉。大脑中的关联环节调控着人们的行为反应，使得大脑中的意志没有全部直接转变成行动。在这个过程中，关联决定情感，情感启动感觉，感觉启动意志，意志又驱动行为和关联。这其中，意志改变了或者不存在了，行为和关联也就会随之产生改变或者停止。

人就是在"关联——情感——感觉——意志——行为"，这个循环中不断前行和发展的。情感启动意志，意志增强后，反过来又增强了情感，情感不断地启动，意志不断在增强。最终意志和情感结合在了一起，交替促进。在整个过程中情感和意志不断的相互作用，最终两者的界限消失，融为一体。让我们分不清是情感在发挥作用，还是意志在发挥作用，但最终产生了行为，持续的行为。有点是可以确定的，如果大脑中没有了意志，人是连动也不会动的。当然人类发达的大脑也就不存在了。

人类有个发达的大脑，归根到底是因为人类的大脑有强大的关联功能——大脑中存在着生命力极强的脑虫。大脑中不存在没有关联的事物，只存在没有被启动的意志。也就是说，没有不能操控的大脑，只有尚未启动的意志。你的所有手段都是在拨动这个无形的联结——关联，从而启动关联背后的意志——让关联这个脑虫动起来——往大脑的深处爬行。

人类是由意志决定的动物。你的意志在哪里，你就在哪里。无论是在梦里、现实里，还是在想象中，有意志在其中，你就在其中。你就是意志的载体，意志消失，你也就随之消失。而关联是由意志建立起来的，不然人类的自我没有统一性，世界在我们的眼中也没有连贯性和秩序。

记住：没有意志的大脑是不会运作的，你所做的工作也就无效。

2. 大脑始终寻求掌控感和实现感

大脑是在意志的驱动下运作的。那么，大脑意志的目的是什么呢？大脑要带我们去哪里呢？这要看情感激活大脑的那一瞬间，大脑中发生了什么。我们在前文中说过，情感到达大脑，激活了大脑对事物的感觉，或者是大脑将事物与某种感觉关联在一起，从而产生了感觉。这种感觉决定了大脑意志的方向和目的。也就是说，事物所带的情感让大脑有意识或者无意识地感受到某种感觉，这种感觉激活了大脑的意志，是感觉让大脑有所行动和反应的。

大脑意志的目的是为了获得或者逃避某种感觉。感觉就是意志的方向、目的和结果。比如，当你看到一块蛋糕，蛋糕带有的情感

（甜蜜而美味）会启动大脑的渴望并让大脑产生吃掉它的意志。最终在意志的驱动下，你吃到了蛋糕，获得了一种愉悦感和满足感，这属于诱因启动了大脑的意志。另外，很多时候意志是由内在动机和需求启动的。比如，当我们感到饥饿的时候，大脑的意志被唤醒——去找东西吃。而各种食物所带的情感，决定了你会选择吃什么来充饥。在意志的驱动下吃到某种食物，从而获得一种饱腹感和满足感。启动意志的，外在是情感，内在是感觉。

大脑意志的目标是感觉，而大脑中有两种最根本的感觉，一种是掌控感，一种是实现感。人们体验到的大部分感觉，都是从这两种感觉中延伸而来的，比如，确定感、获得感、成就感、安全感、价值感、意义感等。这些不同的感觉分别来自意志的目的、意志的强弱，意志完成的不同阶段、不同程度、不同反馈等。

美国认知神经学家迈克尔·加扎尼加是全球著名的脑科学家之一，他用左右脑信息不能流通的裂脑人做过一项研究，他让被试的左脑看见鸡爪，右脑看见铁锹，左右脑根本不知道彼此看到的是什么。但是让大脑同时看到这两张图片时，大脑会强迫地在这两者之间建立关联。然后解释说这两者共同出现的原因是鸡会把笼舍搞乱，铁锹是用来整理笼舍的，而不是说不知道。大脑把鸡爪和铁锹这两个根本不相关的事物，硬生生地放在一起编了一个故事——合理的解释。大脑这样做是由于掌控的意志在驱使大脑获得掌控的感觉——自己知道这两者为什么放在一起。大脑的意志更多是服务于掌控感的。大脑在面对信息的时候，首先需要的是掌控感。大脑的意志会驱动大脑通过在事物之间建立关联来获得这种感觉。所以，大脑才会在没有关系的两者之间建立关联。

大脑在接触到各种信息的时候，并不会说"不知道、看不懂、不认识，不理解"，而是会努力地去理解和解读它们，努力在信息之间建立关联，让信息变得可理解和合理化。前文中我们说过，广告中把明星与产品放在一起，把不相关的漱口水和美丽的自然风景放在一起。大脑并不会质疑它们为什么会放在一起，而是会努力地在其中建立关联，只要关联能够建立起来，信息就可以被理解，大脑才会有掌控的感觉。伟大的哲学家斯宾诺莎就认为"所有信息是在理解的过程中被认可的，错误的信息是在后来才会被摒弃的"。

大脑寻求掌控的感觉，会使其在面对信息的时候不是主动地去质疑它们、怀疑它们，而是积极地去理解和解释它们。因为质疑和怀疑无法让大脑获得掌控的感觉。大脑在面对信息时，努力在事物之间建立关联和制造关联，是因为大脑被掌控的意志驱动着。大脑越容易在信息间建立关联，对信息就越信任，也越有掌控感。

大脑掌控的意志包括想要知道、理解、明白、确定等。掌控感可让用户体验到"我知道，我明白、我确定、我了解"的感觉，也就是确定感、安全感、驾驭感、自主感、方向感等。掌控感意味着自己是自由的、自主的。如果这个世界发生的一切都是安排好的，你根本没有自由意志，你会因此产生一种无助感，这对我们的生存是很不利的。

很多年前，一期相亲电视节目中有一个"海归"的男嘉宾让我印象深刻。一位女嘉宾问他，结婚后我妈能和我们住在一起吗？男嘉宾说看情况；女嘉宾又问，结婚后你能搬到北京和我一起生活吗？男嘉宾说看情况；女嘉宾一连问了几个问题，小伙子都回答说"看情况"。男嘉宾几个问题还没回答完，全场女嘉宾的灯就灭完了。结果就连主持人都问这位男嘉宾:"你对什么事情是确定的呢?"男嘉宾很尴尬,不知道该如何回答。随后在采访女嘉宾的时候,很多女嘉宾说这个男生有点不着调,没个准,和他在一起不靠谱。大脑最强大的意志就是掌控,男嘉宾其实说的都是实话,凡事要根据情况而定。但是女嘉宾们要的是对生活的掌控感,而不是事实。遇上这么一个实在的男嘉宾,她们当然接受不了,因为这完全违背了她们掌控的意志。

其实,违背大脑掌控意志的生意也是无法成功的。出差住酒店是一笔不小的开销,但与此同时又有很多酒店每天都有大量的空置房间,于是就有创业者打起了这些资源的主意,开发了一个叫"今夜酒店特价"的APP。他们以低价买下每天的空房,然后再低价卖给顾客。这本应受到酒店和差旅人士的欢迎,可在他们的业务推广了一段时间后,结果却并不尽如人意。这个项目失败的最根本原因就是创业者违背了大脑掌控的意志。大部分出差者都会提前预订酒店,很少有到了当地再去订酒店的人。每个人都怕在异乡露宿街头,大脑掌控的意志不允许人们这样做。当人们有出差需求时第一件事就是预订酒店和机票,不太可能当天出发,到了机场再买机票,到了当地再去计划住在哪里。人们出差住酒店并不是一个随机性的需求。因为这其中不可掌控的因素太多。人们总是会提前安排,让事态牢牢掌控在自己的手中。当然,也有少数人的需求需要在当地订当天的酒店,而这些人群更多集中在车站和机场周边。所以,这只是一个小众的需求。而酒店更多分散在全市各个地方。在这种情况下,随机性的需求就会大大减少,所以,要把这门生意做大不太可能。除非能够解决人们对掌控的需求。

那么,什么是实现的意志呢?为了便于大家更好地理解掌控的意志和实现的意志，我们可以简单地将其理解为，掌控的意志更多是认知层面的意志，实现的意志更多是行动和执行层面的意志。

掌控的意志一旦生成一个目标，大脑就会渴望去完成和实现它。实现的意志是否强烈，要看大脑对目标是否有强烈的完成意愿，而这又要看大脑掌控的意志在事物之间，以及事物与自我建立的关联是否确定和绝对。比如，你看到广告中涂了某款口红的模特很美艳，很有诱惑力，模特用后的真实效果摆在面前，让你在口红的颜色与美艳之间建立起了绝对关联——涂这个颜色的口红会让人变得美艳。这样的关联让大脑对口红有了确定的掌控感，这种掌控感会让大脑产生对口红积极的情感——很喜欢这款口红，从而让你产生了得到它的意志。得到口红的意志，也会促使大脑积极地在口红与自我吸引力之间建立关联，你会联想自己如果涂了这样的口红也一定会变得极具吸引力。大脑掌控的意志在口红与其他事物之间，以及口红与自我之间建立了正面的情感关联。正是大脑掌控的意志建立的这种确定、绝对和强烈的情感关联，才使得口红（目标）极具诱惑和吸引力，你才产生了得到它的冲动（实现的意志）。

大脑需要通过掌控的意志在事物之间建立起确定的和绝对的、可信的、安全的关联。这其中确定和绝对是最重要的。大脑只有获得掌控感才会启动实现的意志——去得到它、完成它，结果就是你买了那支口红。掌控的意志会在事物之间建立关联，通过关联去预测和认识、理解事物。而实现的意志是在掌控的基础上，决定大脑对事物产生什么样的行为和行动。

实现的意志包括成为、得到、拥有、获得、完成、逃离、回避、放弃等。实现的意志是为了让大脑体验到成就感、驾驭感、操控感、自主感、价值感和意义感等感觉，是大脑寻求存在、进步和扩张的意志。

掌控的意志和实现的意志，都会促使人们努力在事物之间制造和建立关联。在大脑中掌控的意志是确定信息，实现的意志是完成和达到目标。其实，很多时候实现的意志和掌控的意志是交错发力的。大脑产生掌控的意志时，实现掌控的意志也会同时产生。这时掌控就是目标，大脑会渴望去完成和实现掌控的感觉。这时大脑中既有掌控的意志，也有实现的意志。掌控的意志和实现的意志会互相制约，相互促进，交替发力。我们很难清晰地将它们区分开来，但是为了让大家更加容易地理解它，我们需要将其模型化——弄清楚它们如何运作。

3. 信息越深入大脑，制造的感觉就越强烈

大脑的意志是为了获得掌控感和实现感——某种感觉，但是这些感觉都不是来自外在的，而是大脑从内部获得的。大脑的意志是有方向的，这个方向就是大脑内部——向大脑内部深入。大脑意志所要获得的感觉，都是其通过向大脑内部深入实现的。简单来说，大脑接收到信息后，要想从中获得掌控感，就需要带着有限的信息往大脑深处走，而不是去了解和掌握更多的客观信息。同样的，大脑要想获得实现感，也不是绝对的得到和拥有，或者绝对的完成，而是一种相对的感觉。

意志最终会深入到大脑的脑内世界。大脑借助过往经验，在脑内构建了一个关于这个世界的模型。也就是大脑通过不断关联，编

织起来了一个内在网络世界。大脑内存在两个世界,一个是外在现实客观的世界,另一个就是脑内世界。人们之所以能在获得非常少量的信息时,就感觉看到了全部,完全是因为这些少量的信息启动了这个脑内世界。比如,研究罪犯侧写的专家,通过观察罪犯留下的笔迹,以及伤害被害者的方法,就能推断出这个人的年龄、性别、身高、特点等。这都是大脑在接收到有限信息的一瞬间启动了脑内世界模型。这个模型会将各种信息关联在一起,还原出罪犯的整个形象。这就是脑内世界运作的结果。

大脑对这个世界的反应和认知,更多依赖脑内模型。大脑对信息的处理并不是单向地接收和反馈,而是对接收的少量信息进行加工,然后做出反馈。意志带着少量的信息,迅速溜进脑中,与脑内模型的相关线索进行匹配,从而感知事物的全貌,然后再做出反应。这样可以大大提升大脑的运转速度。所以说,我们所谓的关注,是对脑内世界的关注;我们所谓的反应,是对大脑中经验的反应,而不是对事实的关注和反应。我们接收信息的最根本作用,就是启动作用。信息启动了大脑中的模式,让大脑开始模式化的反应。

大脑对信息的组建是从内部开始的,而不是外部。我们普遍的认知是大脑以听、看等方式接收到信息,然后将信息输入大脑中,让我们感知到。但科学家经研究发现,事实并非如此,大脑对信息的组建是从大脑内部开始的。大脑可以完全独立地制造真实感,比如,做梦时我们的大脑处于完全封闭的状态,切断了外在任何信息的输入。我们梦见的内容完全是由脑内神经活动制造的,而我们却能真实地感受到梦中的情景和感觉。也就是说,在梦中我们的感觉完全是由大脑内部制造的,不需要与外在互动。而在我们清醒的时候，大脑内部的活动是以想象和联想为基础的。大脑在接收到少量信息的时候，就会开始启动想象和联想，从而制造某种感觉，很多时候并不需要依赖外在这个真实的世界。

大脑不需要知道一个事物的所有细节，只需要知道它是什么，就可以知道它的样子，因为大脑中已经有了它的模型。当你远远地看到一棵松树时，不必看到它的全部细节才知道那是一棵松树，因为在你的脑中有松树的模型——粗糙的树皮，针一样细的叶子。当你看到杯子这个词时，你不需要真实地看到一个杯子，才知道它所指何物，你的脑中就会联想到杯子的样子，而不是一个碗的样子。因为你的大脑中有这些事物的模型，所以你知道什么东西是什么样子。

另外，大脑不需要记住所有事物所在的位置，只需要知道要找什么，就可以知道找到它的方法。比如，你在一个商场里，你并不需要预先知道这个商场的一切布局，才能逛这个商场。当你需要做什么的时候，你只需要知道如何找到它就可以了。比如，在一个陌生的商场，当你想上洗手间的时候，你知道该如何去找洗手间，当你需要喝杯咖啡的时候，你知道该如何找到咖啡厅。因为在你大脑中有这个世界的模型，你会按照这个模型去寻找自己需要的东西。

大脑中的模型，是靠过往经验构建起来的对这个世界的信念。有一种儿童读物叫《找一找》。书中每幅图都是画得密密麻麻的图案，里面的信息量非常大，你的任务是在其中找出指定的东西。比如，让你在一张闹市街头的图中，找到所有的鸽子。一般情况下你会首先想到屋顶、枝头、路灯杆等地方，因为这是你印象中鸽子常出现的地方。你绝不会去看一个人的头顶上、菜摊上、路人身上和咖啡厅的桌子上,因为你认为鸽子几乎不可能出现在这样的场景中。大部分人都可以根据自己对这个世界的信念,很快找到所有的鸽子。我们心中有对这个世界的信念,相信自己只要按照这个信念去找就不会出错。信念决定了人们行为的方式,

　　大脑对信息的加工越深入,就越是需要把信息带往大脑深处。信息越是往大脑深处走,就越是脱离现实世界,也就离事实越远。信息越深入大脑,制造的感觉就越强烈。为了让大脑制造出真实、强烈的感觉,我们要知道大脑带着什么样的信息,以及如何往大脑深处一步步深入。这样我们才可以设计出大脑喜欢的、容易被带入大脑深处的信息、产品和品牌。

第七章

唤起感觉的两种模式

1. 不知不觉溜进用户的大脑

大脑只要开始关注事物，就会产生意志，也就是产生目的。大脑的意志有两种模式——无意识的意志和有意识的意志。无意识的意志是指大脑不带有明确目的关注事物时，所带的内隐性目的和目标。这种目的没有上升到意识层面，并没有被我们意识到。无意识的意志，简单理解就是大脑无意识的目的。有意识的意志是指大脑关注信息时带着明确的目的。大脑明确地知道自己为什么要关注，以及该关注什么。有意识的意志，就是明确的目的和目标。大脑在关注信息的时候，要么是带着有意识的意志，要么是带着无意识的意志，这也导致大脑的关联分为有意识的关联与无意识的关联。在这两种意志状态下，大脑处理信息时所关注的重点，以及信息对大脑的影响，都存在一些差异。所以，在有意识的关联与无意识的关联下,大脑关注的重点不同,关联的模式也不同。

首先,我们来看两者处理信息的准确性存在哪些差别。蒂姆斯·威尔逊和乔纳森·斯库勒曾做过一系列的实验,来研究凭直觉做出判断和凭理性做出判断的差异。在其中一项实验中,他们让被试评价不同品牌果酱的质量,然后与专家的评价进行对比,看哪一方的评价更准确。被试进行评价时有两种方式,一种是不假思索地凭直觉(无意识的意志)去评价,另一种是经过深思熟虑(有意识的意志)后做出的评价。结果发现,被试凭直觉做出的评价与专家的评价更接近,而通过深思熟虑做出的评价与专家的评价差异更大。那些被要求花时间有意识地分析果酱的被试,与那些仅凭味蕾的直觉做出反应的被试相比,他们对果酱的偏好与专家的偏好相距甚远。这个实验很好地预测了人们带着有意识的意志做决策和带着无意识的意志做决策,对事物评价真实程度的倾向。当人们在无意识的情况下做决策的时候,更能客观地对事物做出评价,而如果人们是在有意识的情况下做出评价,对客观事实的偏离度更大。也就是说,当人们带着某种目的去评价某物的时候,大脑中的有意识的意志会影响人们的评价。荷兰的研究者艾普·狄克斯特霍伊斯和罗兰·洛格伦与同事通过研究证实了人们在无意识的意志条件下比在有意识的意志条件下,会有更多的被试做出最佳选择。

如果你对自己的产品有信心,想让用户对产品做出更加客观的判断,就要在用户体验产品的时候,让其不带有任何目的,否则会扭曲用户对产品的真实体验和感受。首先我们要知道能够激起用户有意识的意志的因素有哪些,比如,暗示——你尝尝,挺甜的;预设——这是纯天然的加工工艺等。有意识的意志一旦被唤醒,用户对产品的体验就会被扭曲，用户对产品的喜好就会被影响。

另外，关于在无意识的意志与有意识的意志下做出的决策，对人们喜好程度的影响和差别。蒂姆斯·威尔逊和同事们还做过一项实验，他们把一些画作为被试参加实验的奖励，让被试自己选择喜欢的画作。这些画被分为两类：一类是印有世界名画的海报，比如像梵·高和莫奈的画作；另一类是印着卡通形象的海报。他们让被试通过两种方式来选择，一种是凭直觉不假思索地选，不用说出理由；另一种是通过深思熟虑进行选择，并且要说出选择的理由。凭直觉选择时，有5%的被试选择了卡通海报；在深思熟虑的情况下，有36%的被试选择了卡通海报。三个星期后，研究人员追踪调查了被试对礼物的喜好程度。结果发现，那些被凭直觉选的礼物，比被凭理性选择的礼物更让人们感到满意和喜欢。这说明凭借无意识的意志做出的选择，人们对其喜好程度会更持久。

综上所述，人们在无意识的意志下做出的决策，其准确性更高，人们对选择的喜爱程度也更强。大脑在无意识的意志下选择产品的时候，并不是盲目地进行，而是有一定的内在逻辑。只要有意志，就会有目的，只是在无意识的意志下的目的，没有上升到意识层面罢了。无意识的意志对信息的加工，是直观的、感性的、表面的、整体的、直接的。大脑无意识地关联也是从这些层面展开的。

在大脑无意识的决策中，人们对产品的喜好程度和选择的精准度，是由产品给人的直观感受和其表面形象决定的，因此，商家就需要在产品向用户呈现的直观感觉上下功夫。食物要在口感和味道上下功夫，产品设计要在外观上下功夫等。总之就是要做到好看、好吃、好听、好闻等，也就是要在感官刺激上下足功夫。你可以借助使情感变得鲜明的技术，来提升产品和信息所带的情感，让用户的大脑在接触到信息的一瞬间，就对其产生好感。

大脑无意识的意志，不但喜欢视觉上好看的产品，同时也喜欢视觉上好看的信息。我们利用眼动追踪仪，对用户的视觉模式做了大量的研究。眼动追踪仪可以追踪用户眼睛关注的焦点，以及关注的时长。简单理解，眼动追踪仪能够让我们知道用户在盯着什么看，看了多久。其中一项研究是关注用户在无目的状态和有目的状态下浏览页面时，分别关注什么样的信息。我们发现让用户不带任何目的地去看一个购物网站的电脑界面时，用户对页面的浏览是有倾向性的——用户的目光优先关注页面左上部和中上部的信息。大部分网站和 APP 也都把重要的信息，用最佳的表现方式，放在这些位置。这样的设计使这些位置会在视觉模式上占据优势。而右侧和右下部并不是大脑优先关注的位置。但是，如果页面中存在视觉冲击力强的信息，比如性感的美女照片，颜色鲜艳的图片，与页面色彩、风格存在差异的图片，以及带有动态效果的图片等，左上和中上部的视觉优势就会被打破，用户会优先关注视觉冲击力强的信息。这说明用户不带任何目的地浏览页面时，同样在遵循无意识的意志对信息的加工模式——直观的、感性的、动态的。

现在的商业环境竞争尤为激烈。产品上架的第一个考验，就是要和同类产品摆在一起进行竞争。当用户从一堆同类产品中走过，当用户打开同类产品的网页，很多时候他们是带着无意识的意志在看的。这时，哪些产品的信息最能吸引用户呢？当然是好看的产品。如果你想在第一时间就抓住用户的注意力，那就要把表面工作做得足够优秀。

2. 大摇大摆被请进用户的大脑

如果一个产品没有被无意识的意志带入大脑，商家还可以借助有意识的意志的决策模式，让用户对产品产生好感。比如，在前文中提到的果酱评价实验中，如果产品没有借助口感让被试对其产生好感，并不是被试对果酱的态度就无法扭转了，还可以借助大脑有意识的意志决策的模式，让被试对果酱产生好感。有意识的意志是有明确目的的意志，你需要让果酱与被试建立新的关联。如果果酱的味道不太招人喜欢，你可以强调果酱的某种特别功能，比如，富含花青素，能为人体带来多种益处，这时果酱就会通过有意识的意志与被试的健康关联在一起。这就像苦瓜的口感并不好，甚至让很多人难以下咽，但还是有很多人喜欢吃苦瓜，就是因为有意识的意志在驱动着大家去吃苦瓜——苦瓜有排毒功效。让苦瓜的苦与排毒的功效关联在一起，其实就是与用户的健康关联在一起。这样便逆转了人们对苦瓜的态度。你甚至可以参照感官刺激的升位处理方式，让果酱带点奇怪的味道，与其富含花青素关联在一起。当大脑有意识地建立这种关联的时候，即便是苦或味道古怪，大脑也会对其产生好感——将其请进大脑里。

是否能够借助有意识的意志进驻大脑，要看信息是否与大脑中的目标建立了关联。有意识的目标有两种，一种是已经存在于大脑中的目标，比如，你一直希望自己身体健康，脸上不要长烦人的痘痘。当你的脑中存在这样的目标时，别人告诉你苦瓜可以排毒，可以还你一个漂亮光滑的脸蛋，大脑就会特意将这样的信息请进大脑里。另一种有意识的目标是被唤醒的，比如，你本没有减肥的打算，但是当你看到广告中模特性感的马甲线时，你便产生了减肥的目标。这时如果把一个减肥产品与性感的马甲线关联在一起，大脑也会有意识地将其请进大脑里。要想借助有意识的意志进驻大脑，要么是与大脑中已有的目标建立关联，要么是唤醒大脑中的目标，并与其建立关联。有意识的意志是解决问题的意志，实现目标的意志。所以，要想被大脑有意识的意志请进大脑，设立目标是一个最关键的环节。我们将在后面的章节中，深入地和大家分享关于目标的设置问题。

有意识的意志的决策模式之所以精准度低，喜好程度不能持久，其中一个原因就是人们带着有意识的意志关注信息的时候，大脑的意志目标会发生改变，不再针对事物本身。比如，前文中提到的果酱和苦瓜，都指向了人们的身体健康，而不是好不好吃这样的直接感受本身。人们喜欢的不是苦瓜本身的口感，而是其具有排毒的功效。结果就是只要排毒的意志消失或者排毒的功能没有效果，人们对苦瓜的好感就会消失。

有意识的意志没有无意识的意志精准，还有另一个原因——有意识的意志投入得越多，其中自我表达的意志就越强烈。大脑围绕一个目标思考得越多，目标与自我的关联就会越强烈，就会从单纯的意志转变为自我意志——从单纯地感受果酱好不好吃的意志，转变为果酱的口味是否能证明我是个有品位的人。在前面的实验中，让被试深思熟虑选择海报的时候，被试需要说出自己的选择理由。在这个时候，事情的性质就发生了改变，被试的理由就会带有很强的自我性——就是在表达自我。说出理由这样的有意识行为，就会让大脑将其看作是自我表达的机会。无论你说出什么理由，其中的潜台词恐怕都是"我选这样一幅画，是因为我是有鉴赏水平的人"。说出理由，会唤醒大脑的自我表达意志。接下来，大脑要解决的是"理由"的问题，而不是"事实是什么"的问题。这个"理由"是为了表达自己是怎样的人，而不是为了说明这是怎样的一幅画。反过来，如果只是让你选一幅画不用说理由，你选了梵·高的画，更多是因为你单纯地喜欢它——喜欢它靓丽的颜色搭配，只是单纯地从视觉冲击上感觉喜欢。

有意识的意志是以目标为导向的，这样的模式决定了有意识的意志投入得越多离人们的核心目标——自我，就越近。因为每个人都有一个永恒的目标——自我。我们大部分目标都是服务于自我这个核心的，自我这个目标在很大程度上决定了有意识的意志关注的是那些社会的、规范的、自我表现的、道德的等与自我相关的信息。一旦大脑带着有意识的意志去关注信息，信息会在很大程度上成为自我表达和保护的工具。

我们利用眼动追踪仪对用户注意力模式进行研究发现，一旦用户将目光集中在某处，大脑关注的模式就会发生改变。比如用户在不带目的地浏览某购物平台页面的时候，会被页面的中上部的广告所吸引，用户的目光会在广告上停留片刻。但是，大部分用户都不会点击这些广告图片深入浏览。既然广告已经吸引了用户，那么为什么用户随后并没有对广告进一步关注呢？我们通过研究发现，这类现象更多发生在那些购物平台的"模板广告"中。所谓的模板广告就是系统根据用户的浏览记录，针对该用户生成的一个广告。比如你浏览了一款衣服，系统会在主页的重要位置生成一个大幅广告。这个广告背景是提前设计好的图片，系统会把产品图与之组合在一起，加一些文字，生成一个广告。用户看到自己之前浏览过的产品，出现在这样的广告位置，会认为自己关注的这款产品卖得挺火，或者认为这款产品正在大力做促销等，这让用户产生一种契合感。可是这样的广告虽然引起了用户的关注，但是用户很多时候并不会点击浏览。这其中最主要的原因是，这样的模板广告在信息展现上存在一些问题。首先，在有限的空间里信息呈现方式太过均衡，模板背景过于生硬，不能与产品很好融合。另外，产品图在有限的空间里被缩得太小。其次，文案设计也不具有吸引力。大脑在注意到这条广告的瞬间，就会转变为有意识的模式。这时，用户看广告更多是想得到更多细节、具体的信息。而模板广告中缺少的便是这样的信息，根本不能满足大脑有意识的意志的需求。所以，用户不会有进一步点击的冲动。没有细节、重点、具体的信息，正是这类模板广告虽然能够吸引用户关注，但点击率、转化率不高的原因。大脑一旦产生有意识的意志，就会渴望关注更多细节的、具体的信息。

在页面设计的时候，我们一定要明白一点，当用户打开产品页面时带着有意识的意志，也就是带着期待和目的——用户最渴望在点开的页面中，看到更多产品细节的图片。所以，在用户打开的页面中，一定要展示产品重要部位的细节，或者能表明产品特点的细节。而不是让用户再通过点击跳转到别的页面去寻找这些信息。比如在某购物平台的苹果手机产品页，有6张可以滚动浏览的产品图片，这其中大部分都是产品的整体图，只有一张是关于手机镜头的局部图片，而且还不是镜头的特写。这就导致用户看完这组图片，也不能满足其获得更多细节信息的渴望。你也许会说，想看更多细节的图片可以点击详情页看个够啊。还记得前面我们说过，划与点击的行为之间存在的差异吗？用户反感在不断点击中切换页面。用户每一次点击，都是商家的宝贵机会。如果一次点击没有满足用户的期望，用户就有可能流失。所以，商家要尽量让用户在点开的页面中，采用上下划或者左右划的动作，来实现对产品信息全面深入的了解，关注到尽可能多的细节图片和具体信息。商家要把用户点击页面的一次操作，当成用户所给的唯一机会。商家要精心设计产品图片来打动用户，而不是奢望用户再多给一次机会。更重要的一点是，我们发现由于手机界面的局限性，导致用户在移动端购物要比在 PC 端购物浏览的产品信息更浅，也更少，而且用户更依赖于直观和感性的信息做出购买决策。所以，移动端的产品信息设计，要更加深入和有效。

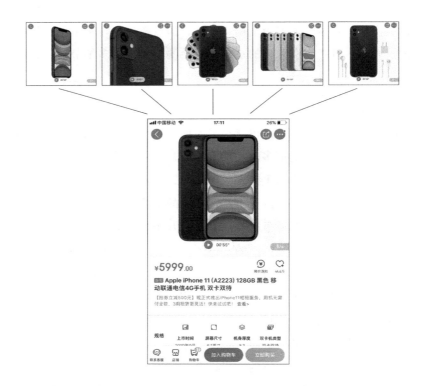

有意识的意志是目标明确的意志，其处理信息的主要特点是单一的、具体的、有逻辑、针对性强。大脑有意识的意志一次只能关

注少量的信息或者一件事情,训练有素的人最多能够同时处理三件事。有意识的意志处理信息的特点也决定了大脑在做有意识关联的时候,会遵循有意识的加工模式。

3. 在两种模式的动态切换中深入大脑

要想有效地控制大脑的关联,我们就要知道大脑在什么情况下,会启动什么决策模式。大脑在不同状态下会启动不同的意志来进行关联,而且这种有意识和无意识模式的切换,是可以通过人为干预的。要想让大脑在不知不觉中将信息带入大脑,我们就需要启动大脑的无意识关联模式;要想让大脑有针对性地将信息请入大脑,我们就要启动大脑的有意识关联模式。

通常情况下,大脑是靠无意识的意志(自动模式)对信息进行加工和处理的。但是,这是有条件的,需要在信息明确、清晰、简单、无干扰、无压力以及目标不明确的情况下,大脑才会启用自动模式对信息进行评估。无意识模式最不善于质疑,而最善于忽略掉模糊的信息,尽量让信息显得连贯。当信息比较复杂(而不是过于复杂)、存疑、模糊、存在外在干预、受到压力、目标明确的时候,大脑便会启用有意识的意志模式对信息进行评估处理。

明确与模糊之间切换

大脑遇到看不清楚、情感混乱模糊、信息不确定等模糊不清的情况,就会对信息产生怀疑,开始犹豫和纠结。在这种情况下,大脑需要启动有意识的决策模式，针对性地投入更多的意志去有目的地建立关联——这样才能理解信息。明确的信息情感鲜明，模糊的信息情感不鲜明。大脑加工信息的目的都是为了让信息与大脑中的模型能够匹配，情感鲜明的信息大脑会更容易进行匹配。如果信息中的情感不容易提取，那么就很难与大脑中的模型匹配。这会让大脑切换到有意识的模式，对信息进行有意识的匹配。

信息的意义比较明确，意味着信息所带的情感比较容易识别。这里的明确指的是一目了然、不复杂、不含糊。有些信息虽足够简单，但是其意义并不明确，不够直接，不能让大脑直接获取其情感。比如"三个爸爸"这个品牌名非常简单，但是信息所带的情感并不是很明确。这是因为"三个"这个词的意义不够明确。对大脑来说"爸爸"这个词带着鲜明的正面情感，它与"靠山""保护"这些正面的情感紧密关联在一起。但是，当"三个"与"爸爸"这两个词放在一起，大脑无论如何也无法在这两者之间建立起关联。因为大脑不知道"三个"到底指的是什么，"三个爸爸"到底是什么意思。大脑面对这种模糊的信息出现"卡顿"，无法对信息情感进行顺利的匹配。在理解信息时出现这样的"卡顿"，说明大脑感受到的情感是模糊的、矛盾的、不确定的、不鲜明的，大脑只能切换到有意识的模式对信息进行加工——刻意或有意地去理解这个词。这就会出现一个弊端——大脑并没有将意志指向产品，而更多地指向这个词组本身——让大脑把意志全用在努力理解这个名字上了。导致大脑不能对品牌产生正面的感觉，因为无法理解"三个爸爸"是什么意思，明确其所带的情感是好是坏。

而相比之下"妈妈壹选"就是一个简单又明确的好名字。"妈妈"在我们心中带着无私、全力以赴、奉献等正面的情感。"壹选"

可理解为第一选择。鲜明的情感使得大脑很容易将"妈妈"与"壹选"关联起来。"妈妈壹选"意味着产品是妈妈们的第一选择。这其中没有使大脑刻意或者有意地思考，说明该信息的意义是明确的，情感是鲜明的。

简单与复杂之间切换

　　简单的、容易理解的信息，大脑会习惯性以无意识的意志对其加工。但是，并不是只要信息复杂，大脑就会启动有意识的加工模式。面对适度复杂的信息，大脑才会启动有意识的加工模式——投入点思考就能弄明白。比如，一斤苹果3.4元，买6斤苹果需要多少钱这类问题，对大脑来说是有点复杂，但是只要投入一点思考就能得到答案。当信息过于复杂的时候，大脑就会从有意识的加工模式重新切换到无意识的加工模式。因为信息过于复杂会让大脑崩溃，从而启动无意识的决策模式，凭直觉做出决策。这里的复杂在很大程度上取决于大脑是否有能够处理的信心。

　　首先，选项太多会让大脑感觉复杂。比如，同类产品太多的时候，像五花八门的护肤品一样，各种品牌和分类太多，选择的时候如果没有明确的倾向，就容易凭直觉做出选择。因为大脑没有信心去分辨哪个好、哪个坏。其次，过于专业的概念对大脑来说也是复杂的信息，像纳米、负离子、5G等这样的信息，虽然只是一个词，但是真正知道它所指何物的大众却是寥寥无几。面对专业、复杂的概念，大脑没有信心去理解它，也会凭直觉做出决策。另外，产品本身比较复杂也是一个因素，比如，你在选购汽车的时候，车辆相关介绍的信息量很大，其中涉及安全性、舒适性、性能、油耗、动力、外形、服务、保养等。里面不但有各种专业的名词和概念，还有各种数据，大脑一下就会运转缓慢，然后直接凭借直觉对产品做出选择。这就像你给一个孩子解释一些他们不理解的复杂信息时，他们会马上失去兴趣，但是他们会从你复杂的解释中得出情感——是好还是坏。所以，信息的复杂性也会导致大脑在有意识与无意识的加工模式之间切换。

受到压力就会切换

当大脑受到压力的时候，会将有意识的决策模式换成无意识的决策模式。首先，时间限制会对大脑造成压力。用户在选择产品的时候，时间比较紧迫也很容易让人凭直觉做出选择。比如，限时抢购会限制用户进行深入的思考。这里的限时抢购，并不单指时间有了限制，而更多是给用户造成了一种心理压力，认为大家都在抢，下单慢了就没有了。这样的心理才是限时抢购的根本所在——在用户心中制造压力。

他人的压力也会让大脑失去理性，凭借直觉做出选择。比如，在商场里你看到一双漂亮的鞋子，但是感觉太贵、有些细节不太喜欢等，可就在你犹豫不决时，有其他人拿起这双鞋子仔细端详着，表现出爱不释手的样子。这时他人就会给你造成压力——再犹豫下去，鞋子就会被别人买走了。在这种情况下，你很有可能凭直觉把它买下——不管那么多了，贵不贵、细节不细节的都不重要了，自己喜欢就行。这就是他人对你造成的压力，让你凭直觉做出决策。

受到强调就会切换

大脑刻意或者有意地去关注、感受、思考等行为，都会启动大脑有意识的决策模式，比如，强调"想一想""琢磨琢磨""思考一下"等指令。强调也包括否定的指令，比如，"不要想""不能""不要做""不可以"等。这些否定的强调也能调动起有意识的意志，比如，听到"你可以不要去想一只白熊"这句话时，大脑会不由自主地去想那只白熊。这就是强调唤醒了大脑有意识的意志。

威胁到自我时会产生切换

人的大脑并没有完全凭借无意识的意志来做决策和判断，有意识的意志始终在监控和调整人们不适当、不道德、不合理的判断和反应。詹姆斯说："大脑有意识的意志始终在监控着那些无意识的冲动。会允许一些冲动通过，也会禁止一些冲动通过。"这句话怎么理解呢？比如，在一项实验中，当个别白人看到黑人照片时，大脑会有本能的情绪反应——种族歧视。但随后大脑的额叶就被启动了，抑制了这种本能的冲动——大脑会告诉自己这样的反应是不合适的。有意识的反应抑制了大脑无意识的反应，这就是有意识的意志调节和监控作用。大脑额叶一旦受损，大脑的监控和调节系统就会失效，任由大脑做出本能的反应。

当大脑无意识的反应违反道德、伦理、社会规范的时候，会自动切换为有意识的决策模式——马上启动调节和抑制作用。比如，你看到一个乞丐并感觉他身上有臭味，不自觉地想要捂鼻子。但是这样的行为一般不会产生，因为被你的额叶抑制了。大脑认为你遮掩口鼻的行为是不合时宜的，那是一种不友爱、不善良的表现——

这让我们感到自己是个糟糕的人，威胁到了我们的核心自我——我既好又对。为了维护自我的良好形象，你放弃了掴鼻子的冲动。甚至你还会做出一些相反的行为——从口袋里拿出些零钱给他。还比如，你看到一个漂亮的女孩，有一种冲动想要上前搭话，但这时你的有意识的决策模式会告诉你，"小心！你有很大的可能会被拒绝"。于是，你只是多看了那个女孩两眼，便直接走掉了。这样的切换机制也决定了人们想买任何东西时，都不是想买就买，有些东西之所以没有买是受到了大脑监控系统的抑制。

人类是社会性动物，我们的自我都是具有社会性的。所以当我们的本能反应威胁到我们的自我时，大脑的有意识的意志就会启动，让我们抑制或者调节自己的不当行为。

第八章

操控用户感觉的控点一:
优选带入

1. 哪些信息会被大脑优先选择

一条广告的时长虽然只有几秒钟，但包含的信息量很大，包括画面、音效、色彩、产品、演员等。即便是一幅平面的产品广告，其中的信息也十分复杂，对于一个品牌或产品涉及的信息量就更大了。大脑能在这样复杂的信息中建立起关联——获得掌控感，有一套内在的运作机制。事实上你提供给用户的文案、广告、设计等一切你认为完整的信息，用户都不是全盘接收的，而是根据意志的需求选择性地接收。这其中大部分信息，都会被大脑的意志屏蔽或忽视。这就是大脑意志在处理信息时，最基本的模式——选择和忽略。这就意味着被选择的信息获得了被优先加工的优势。这就是大脑加工信息的优先关联模式。优先关联是我们操控用户感觉的第一个控制点。

那么，大脑在对信息取舍的过程中会优先将哪些信息带入大脑呢？也就是大脑会选择哪些信息而又忽视哪些信息呢？如果你不知道大脑在这个环节取舍的原则，你又怎么能说你的产品、广告和文案等信息是有效的呢？在复杂烦琐的信息中，哪些信息会优先引起我们大脑的关注呢？答案就是带感。带感的信息才会被优先请进大脑，不带感的信息将会被大脑无情忽视。

我们一起来看一幅画，这是达·芬奇的名画《最后的晚餐》。请你在看三秒钟后，把书合上。这时你一定认为自己已经看全了这幅画，那么请你试着描述一下这幅画说的是什么。大部分人的回答是一群人正坐在一个长桌子前，一边吃饭一边谈论着什么。其实，这时你还没有意识到自己并没有看到更多细节的内容。比如，画中有几个人？有几个女人？桌布是什么颜色的？窗外的风景什么？墙壁的颜色一样吗？你能答上来几个问题呢？如果你回答不上来，那么你又看到了什么呢？这时你才能意识到自己并没有注意到画中的很多细节。大脑对很多信息都是无意识的，只有将注意力聚焦在细节上，我们才会意识到自己忽略了什么。在没有投入关注之前，我们意识不到自己没有看到这些细节，这是大脑认为自己看到了事实的一个原因——大脑没有意识到自己并没有看到。

　　人们在无意识关注信息的时候，更多是在选择性的关注——选择重要的、整体的信息进行关注。无目的地看这幅画时，大脑认为自己看到了这幅画，其实只是对这幅画做了高度的概括，形成了模糊的印象。也就是当我们无意识地去看一幅画的时候，大脑更多的是在对信息形成模糊的感觉、印象，很少会关注和获取更多细节的信息。下图是印象派画家莫奈的作品《日出·印象》，这幅画中没有展示过多的细节，只有模糊的轮廓和色块，当你不带目标地去关注一幅画的时候就会在大脑中形成这样的印象。

　　信息要想在初选的时候，就被带入大脑，我们需要明白大脑初选时会优先关注哪些信息。初选非常重要，如果不能有效令大脑对信息建立起正面的印象，就失去了先入为主地进驻大脑的机会。大脑无意识的意志虽看似是没有明确目标的，但是，在对信息加工的时候也会借助部分线索来对信息进行关联和评估。在初选时，大脑更多是从整体的角度、轮廓的角度、动态的角度、主题的角度、情景的角度等来获取线索，建立关联理解信息的。这其中，大脑只有形态轮廓，没有细节；看重表面，很少深入内在；只关注整体，很少关注局部；更强调风格和气质，而忽视局部刻画。

我们必须要明白一点，大脑不会也无法对信息进行全面、系统、整体的加工。无论是无意识的意志还是有意识的意识，都是借助线索来对信息进行关联和匹配的。关联分为无意识关联和有意识关联。无意识关联的线索没有上升到我们的意识层面，比如，科学研究发现每4个人中，就有1个人会在阳光下打喷嚏。大脑是如何将阳光与喷嚏关联起来的呢？一定是大脑通过感官捕捉到某些线索才引发了这样的行为。而有意识关联的线索是大脑明确地知道这两者存在什么关联，比如，你喜欢那个杯子，是因为它上面印着一个小猫的图案等。

2. 当用户无意识地选择信息时，把握三原则

对用户行为的研究有两个重要的方向，一是掌握大脑内部的无意识关联的逻辑。只有这样我们才能预知用户的行为——在用户将要出现的地方等着他们。否则我们永远只能被用户牵着鼻子走，研究用户行为也就毫无意义了。大脑无意识优先从3个方面展开关联，这也是大脑优先关联遵循的3个原则，它们分别是整体、直观和动态。

整体

　　大脑对事物的情感判断会遵循一些内在的逻辑和原则，其中一个原则就是整体。大脑遵循整体的原则主要是事物的整体带着鲜明的情感。下面3种图形分别是：圆形、三角形、方形，单看这3种图形你会产生一种明显的感觉，认为圆形没有什么攻击性，给人以容易接近的感觉。而方形会给人一种平稳的力量感。三角形会给人一种攻击感。

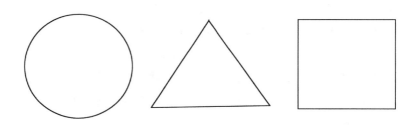

　　如果将这三者组合在一起就会破坏各自所带的情感，观察下图，你会感觉这个图形太复杂，感受不到其中直观的、鲜明的情感。这就是信息的元素过多导致了情感混乱。组合虽不可避免，但也要在不对整体产生巨大破坏的情况下进行。比如，保时捷、宝马的标志，图案虽然有些复杂，但是整体感没有受到破坏，将复杂的信息束缚在一个有限的整体内——盾形和圆形内，这就体现出一位高级设计师的克制。其实大脑在看到这个商标的时候，很多时候都不会真正去留意其中的细节，只凭借对图形的整体印象就能获得情感。

第八章 操控用户感觉的控点一：优选带入 113

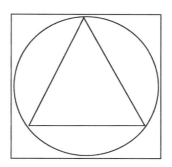

大脑对整体感的判断，很多时候与产品的功能关联在一起。我们曾做过一项调查。让被试看 5 种车的照片，这些车不是大众熟知的品牌和车型，同时也隐藏了车的标志。然后让被试对其喜好程度，从高到低依次排列。结果发现，被试对车的喜好与车身比例存在关联。这其中最重要的是车身宽度和高度的比例，如果车身的高度超过车身的宽度，被试大脑就会感觉车身不稳不美观。那些车身扁平的车普遍受到被试的喜欢，这就是为什么大部分的跑车都设计得很低，好像趴在地上一样的原因。而高度明显大于宽度的巴士，总是让人感觉它在拐弯的时候会侧翻。大脑会将车的外观与安全、美观关联在一起，大脑中之所存在这样的关联，更多是大脑把车的外观与功能关联在一起。在大脑中车的高度决定着车的安全性。另外，车与用户喜好关联在一起的是线条。在外形上线条越复杂、越碎，大脑越不喜欢。因为复杂和过碎的线条破坏了车的整体感。这让大脑感觉过于随意和混乱，没有设计感和安全感。

婚纱之所以会设计成纯白色，就是因为其中哪怕夹杂一小块其他的颜色，都会破坏纯白色带给人们的那种纯洁、圣洁、真挚的整体感觉。把婚纱设计成纯白色是想保持一种强烈的情感，强化这种情感的方式就是保持这种元素的整体感不被破坏。所以，婚纱中其他的设计元素几乎是围绕白色，在不破坏白色这种核心基调的基础上展开的。成功的设计是保持其作品核心基调的整体性，并且该设计是在增强这种情感而不是削弱它。平面设计保持整体性主要体现在色调和构图上，音乐的整体感主要体现在节奏和音调上。

直观

大脑无意识的意志更多关注的是表面的、直观的信息。大脑试图通过表面与内在关联起来。戴森的产品以科技、奢华、高端而著称。戴森品牌深刻地认识到，让用户直观地看到、感受到产品的科技感、奢华感、高端感十分重要，因为用户根本不懂什么是"采用双层15锥气旋……6芯锂离子电池采用全新镍钴铝化学配方"等科技术语。要想打动用户产品就要有一个高级的、与众不同的、别具一格的外形，让人们能直观地看到它的价值，因为在大脑中价值与外形直接地关联在一起，外形的独特、时尚、优美属性与高级、品质优越关联在一起。这就是为什么戴森的产品总是设计得与众不同且科技感十足的原因。用户在使用这样高颜值的产品时，颜值唤醒的意志会让大脑感觉它的确比一般的产品好用，效果好。

我曾在《锁脑》一书中和大家分享过我选洗发水的一次经历。我到超市购买洗发水，在洗发水的货架前逗留了好久，却不知道该选哪个好。在逗留的时候我发现一个小规律，在10米长的货架前，我总是停留在货架的两头，而忽略中间货架上的洗发水。也正是这个货架摆放产品的形式，让我发现了自己无意识决策中存在的规律。我之所以只看货架两头的洗发水，而不看中间的，是因为中间货架摆放的洗发水的瓶子颜色是比较暗、比较灰、不够鲜亮的，而且瓶子表面采用了亚光工艺的处理，这让整个瓶子看上去有种脏脏的、劣质的感觉。反观沙宣的产品，虽然整个瓶子是深红色的，但是整个瓶子泛着亮光，给人一种质感和高级感。而货架两边的洗发水包装瓶的底色设计是纯白和透明的，加上简单的色块和图形点缀，显得整个产品干净且有档次。其实在大脑中，产品的功能与外观存在直接的关联。洗发水的功能是清洁功能。如果外观设计直观地让用户感觉脏脏的、不透亮、不清爽、不干净，这会让大脑低估它的清洁功能。所以，洗涤和清洁用品的设计要直观地给用户一种清洁感和清爽感。因为大脑会无意识地将对产品外观的感受指向产品的功能。

　　色彩是最能提升直观感觉的元素。当我们不带有目的地看一幅画时，大脑更多获取的是对它的直观感受。而色调是大脑快速理解这幅画的重要信息，色调在很大程度上决定了画面所带的情感，因为色调能让大脑快速获得情感，在不改变内容的情况下直接改变画面的色调，就能改变画面所带的情感。网上流传着一段视频，展示了色彩对人们认知的直观影响。视频的制作者选取了一段普通的视频内容，然后给它变换上不同的色调，便营造出了不同的感觉。比如黑白色调营造出了战争片的感觉；偏黄的暖色调营造的是爱情片的氛围；蓝色调制造出了科幻悬疑片的感觉；而红色调给人的是恐怖片的感觉。这段视频告诉我们，色彩这种直观的视觉线索，会对大脑产生直接的影响。

　　iPhone 手机也是非常善于运用颜色来为用户营造直观感觉的产品。iPhone11 推出了紫色、黄色、绿色、黑色、白色、红色六种颜色,每一种颜色的产品都给用户带来了不同的感觉。用户可以根据对颜色的喜好,选择自己喜欢的产品。

商家要下功夫去打造品牌的标识,其中一个最重要的原因就是可以通过大脑对信息的直观理解和关联,让品牌成为一种直观的、可识别的、具体的事物。用户只要看到产品上有品牌的标识,就会产生一种信任感。品牌的标识可直观地给用户带来安全、品质稳定的感觉。打造品牌的标识就是为了让用户可以通过直观获取品牌的信息,感受到一个品牌背后所遵循的价值观和精神。

所以,直观感可以是一种具体的形象,也可以是一种战略构架。

动态

无意识的意志更多会关注信息中的动态趋向。而大脑的进化更多是为了让自身更好地生存下去,所以大脑首先想要掌控的,就是面对事物的运动趋向是怎样的,这样才知道它对自身是否存在威胁。基于这种意志,大脑在关注事物时,首先需要从信息和事物中获得其动态的趋向,因为动态趋向带有鲜明的情感。

美国社会心理学家弗里茨·海德做过一个小实验。他制作了一段动画视频,视频里有两个三角形和一个圆形在四处游荡。他找了一些人观看这段小视频,然后问观看者看到了什么。虽然视频中的图形只是在四处飘荡,但是人们却认为事情没有那么简单。很多人认为自己看到的是一段有故事情节的小故事,故事情节是这样的:大三角形正在追逐小三角形和圆形。小三角形和圆形正在四处逃散,躲避大三角形的追逐。还有人认为故事情节是这样的:大三角形和圆形是一对热恋中的恋人，大三角形看到自己的女朋友圆形正在与小三角形热聊，于是大三角形非常生气，想要制止小三角形。这个实验证实，几个图形简单地动了起来就带有了鲜明的情感。但是，其实这些只是一些漂浮的图形，其中的情感是大脑从其动态的趋向中获得的。也就是图形的运动轨迹、方向、速度能够让事物带上鲜明的情感。

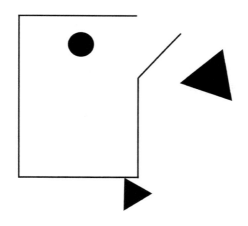

信息中所带的动态趋向非常重要，无意识的大脑意志会优先获取这样的信息。有些产品的广告中，把产品设计拟人化，让其动起来，以此让产品带上某种动态趋向来展示某种情感。比如，养乐多有一支广告，让养乐多的小瓶子动了起来，小瓶子先是扭来扭去像是在跳舞，然后是扭着瓶身在转呼啦圈。这让这个小瓶子显得动感十足。它的广告语是"它是活的乳酸菌，小小养乐多，转动大活力"。让产品活蹦乱跳，转呼啦圈，是整个产品的动态趋向，让产品带有了鲜明的情感。让大脑认为养乐多的乳酸菌活力十足，可以在肠道内发挥大的作用，有效地促进消化。

118　带　感

　　在信息的设计中运用最多的就是人物这个元素，因为人物能够更好地表达情感，商家要想借助人物表达情感就要从人物的动态趋向入手。如果画面中有单个人物的时候，人物的姿态是大脑优先获取的信息。因为人物姿态中四肢和身躯的运动方式就会带有鲜明的情感，大脑不费力气就能从一个人的姿态中获取情感。即便是把人物的姿态简化成线条，大脑还是能从中一目了然地获取鲜明的情感，根本不需要掌握更多信息。所以，有单个人物的信息中，人物的姿态刻画就变得尤为重要，因为它可以很好地传达情感。

如果信息中有人物表情，就要注重面部表情的刻画。大脑可以轻松地从一张脸中获取表情信息，根本就不用仔细看到整张脸。在下图中，即便是把面部表情简化到只剩线条和局部，大脑还是能从中获取情感。可见大脑对事物的动态趋向十分敏感。

如果画面中有多人互动时，就要强调人与人之间的互动姿态，如下图。互动关系可以直观地传达出人与人的情感关系。

大脑对动态趋向的敏感程度是无法想象的，它可以捕捉到面部微妙的表情变化，比如，你微微地皱一下眉头，大脑就知道你产生了怀疑或疑惑。即使是这样一个微不足道的小细节，大脑都会轻易地捕捉到。对大脑来说，事物的动态趋向要比其他的信息重要得多，动态趋向能够直接地体现事物所带的情感。大脑会优先关注事物的动态趋向，根据动态趋向获得事物所带的情感。

3. 当用户有意识地选择信息时，把握四步骤

我们回到本章的开头，当你带着"画中有几个人"这样的意

志去看名画《最后的晚餐》时会发生什么呢？当你带着这样的意志得出结果后，合上书你还是无法回答其他的问题，比如，画中有几个女人？桌布是什么颜色的？窗外的风景是什么？墙壁的颜色一样吗？因为大脑带着目的去看这幅画的时候还是会选择性地关注画中的信息，而不是对整体直观的信息优先关注。当你带着目的去看这幅画的时候，大脑掌控和实现的意志会更加强烈，大脑意志的选择性和排他性也会更加强烈。大脑会只关注画中与人的数量相关的线索，而忽视其他不相关的信息。这就是大脑在解决具体问题时启动的相关关联模式。

相关关联是指大脑在面对具体问题或目标时，会借助与其紧密相关的信息或线索，来解决问题或者实现目标。这些相关信息和线索就与目标和问题存在相关关联。这就像摄像中一台跟拍的摄像机，只能紧跟一个对象拍摄，无法顾及其他信息。在1967年，俄国心理学家保罗·亚尔布斯做过一个类似的实验。他要求被试观看列宾的名画《不期而至》，同时他用一个眼球跟踪器记录了被试所观看的具体部位。被试的任务是猜测画中的人们在"访客"进来之前正在做什么，或者是问这些人有多富有，以及他们的年龄有多大等。结果发现，被试根据问题的不同，眼球移动的方式也完全不同。比如，被问到年龄时，被试的目光会转移到画中人物脸上；而被问到财富的时候，被试的目光会转移到画中人物的衣着和配饰上等。面对针对性的问题，大脑会关注与问题相关的线索，而忽视其他信息，以此来实现解决问题的目的。当被试被问到进来的人是穷人还是富人时，大脑就会关注人物的衣着或配饰，因为在大脑中，衣着、配饰与财富是关联在一起的。大脑只要获取与目标问题相关信息和线索，就能顺利地解决问题。

第八章 操控用户感觉的控点一：优选带入 121

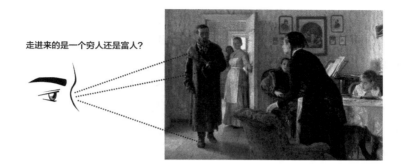

要想借助大脑有意识的关联模式来将信息带入大脑，第一，我们必须要明确让用户解决的问题是什么，也就是要给大脑一个目标。这是有意识的意志解决问题的开始。

第二，锁定核心关联。在目标确立后，我们才能找到什么是与这个目标存在的核心关联。核心关联是大脑判定一个事物是什么的核心因素，这个因素与该事物存在决定关系。反过来说，是核心因素决定了一个事物是什么。找到核心关联，我们才能从根本上解决一个问题。比如，你要想让用户解决快速变瘦的问题，快速变瘦就是目标。与快速变瘦相关的线索有时间、新陈代谢、物理治疗等，这其中与快速变瘦关联最紧密的是时间这条线索。因为在大脑中速度快不快取决于时间，时间越短说明速度越快。所以，时间短就是与快速变瘦最紧密的核心因素。

在我女儿两岁多的时候，有一段时间非常想要一只小兔子玩具。我们在商场逛了两家有卖毛绒玩具的店铺，都没有看到有小兔子的毛绒玩具。在我们很失望的时候，她看到一个钥匙链挂饰上有一个小兔子毛绒玩具。她看着它说："就它吧，我喜欢小小的小兔子。"我看这个毛绒玩具设计得扁扁的，拖着个尾巴，怎么看都不像是个小兔子。我就问她:"这是小兔子吗?"她说:"是啊,你看它有两只长长的耳朵。"其实,唯一让我感觉它像只兔子的地方,也就是它有两只耷拉着的、长长的耳朵,其他的特征完全看不出这是一只小兔子。这就是设计师在设计这个玩具的时候,抓住了与兔子存在核心关联的线索——长长的耳朵。设计师知道即便该产品的其他部位设计得不像兔子,人们看到这两只大长耳朵也会认为这是只兔子。

每个国家和地区的伏特加酿造原料都是不同的,如果你仔细品味,一定能发现它们口感上的区别。伏特加的酿造原料99%都是因地取材,比如柏林是用小麦酿造,底特律用玉米酿造,洛杉矶则用葡萄酿造等,地域不同选择酿造伏特加的原材料不同。但是用户之所以认为自己喝的是伏特加,而不是其他种类的酒,这其中的核心就来自剩余的那1%的原料。这部分原料由伏特加公司统一提供,它确保了各地的伏特加中都能有统一的味道——水果的香醇,而水果的香醇就是用户确定它是伏特加的核心关联。

解决用户与产品、品牌之间根本问题的方法就是找到两者之间存在的核心关联,在信息关联中做文章。在前文中,我们说到iPhone11因降价使其销量提升,因为苹果手机与大众消费者之间存在的核心关联,就是价格。核心关联是决定事物之所以成为它的那条关联线索,比如,兔子的长耳朵,伏特加的水果的香醇。同样的,事物与事物之间也存在核心关联,比如,苹果品牌与大众消费者之间的核心关联就是价格。在这条关联上做文章,就能影响用户的行为。如果是更高端的消费者,他们会更在乎苹果品牌的差异性和个性化,或者表达性。苹果手机与高端消费者之间存在的核心关联就是个性和差异。

我们如何判断一个不知名的品牌是否高端呢？我们在前文说过，在与产品相关的各种因素中，价格所带的情感是最强烈的。所以当我们看到一个不知名的品牌时，我们会通过价格这个线索来判断它是不是属于高端品牌。价格越高我们越能确定它是高端品牌，价格越低我们越不认为它高端。

第三，设计产品与线索的关联方式，也就是如何将两者关联起来。如果锁定了与快速减肥存在核心关联的是时间，我们就可以在广告语中将这两者关联起来"让你5天轻松瘦3斤"。当然，关联方式并不局限在文字表达上。

在整个借助大脑有意识的意志将信息带入大脑的过程中，还有第四个非常重要的环节就是要让大脑感受到这种关联是有效的、是确定的、是存在的。比如，看到瘦的效果，看到成功的案例，体验到瘦的效果等。前文中我们说到，行为与感官刺激的升降位就是在提升关联的效果——让大脑直观地感受到关联的结果和效果，这有稳定和确定关联的作用。

无论我们在大脑中建立什么关联，大脑都希望感受到这种关联的存在和效果，也就是我们要让大脑有感觉、能感觉到，大脑才会相信。说到干果，人们会特别关注其保鲜的问题。洽洽品牌在它们广告中曾强调，它们"掌握了关键的保鲜技术"。虽然并没有说具体是什么技术，但当用户关注到洽洽品牌的广告时，这个问题会就被大脑关注到，大脑会想要知道它们采用了什么样的新技术。这个迷惑不解的问题会留在大脑的潜意识中，因此当大脑的潜意识在接触洽洽品牌相关产品的时候，会无意识地自动寻找与其相关的线索。比如，当你打开一小包洽洽品牌干果的时候，你会发现里面有一大一小两个干燥剂。这时你会猜想，这恐怕就是它们所说的保鲜技术，因为在我们的印象中一个包装里面只有一包干燥剂，大脑会认为多出来的一包就是它们的"关键保鲜技术"。这时，你心中的问题才得到了证实——它们真的采用了新的技术。如果洽洽品牌在那一小袋干燥剂上做一些文字的标识，大脑会更相信该产品确实采用了新的保鲜技术。

关于产品和品牌的所有具体的问题，商家都需要在背景信息中精心设计与问题相关的线索。如果宣传产品的品质好，就要设计能让用户直观感受到好的线索，同时在信息中要将用户的注意力引向线索——聚焦线索。比如，你要想让用户感受到这辆车很安全，就要先找到与安全相关的线索，可以是车的底盘设计比一般的车要低。然后，销售员就要指出具体怎么低，低多少等细节，让顾客感受到安全的线索才算真正地解决了安全的问题。再比如，你告诉顾客"这些蔬菜是无公害的"，就要指出"你看这些蔬菜叶子上有被虫咬过的痕迹"等细节。让大脑感受到解决问题的线索，这个问题才算是被解决了。

我们来总结一下借助有意识的意志将信息、产品、品牌带入大脑的4个步骤：

设立目标：让用户解决的问题是什么？

锁定核心关联：与目标关联最核心的线索是什么？

制造关联：如何去表达这种关联？

感受到：让大脑感受到关联的结果或者效果。

大脑不带任何意志地去关注信息的时候，选择关注的是它的整体感觉。而当你带着某种目标去关注信息的时候，大脑更多选择关注的是与目标相关的线索信息。也可以说无意识的意志关注的是整体，而有意识的意志关注的是局部。无意识的意志很多时候是为了达到为信息定性的目的，有意识的意志更多是为了达到解决问题的目的。

第九章

操控用户感觉的控点二：模式预制

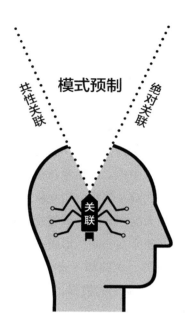

1. 任何信息对大脑来说都存在关联

大脑在意志的作用下会对信息进行选择性的带入，这其中大脑忽视大部分信息是为了快速在复杂、混乱、无序的信息中建立秩序、规律、逻辑，是为了便于对信息进行"成形"加工。因为大脑习惯在接收到的信息中寻找和建立模式。迈克尔·谢尔默曾提出一个概念，叫"模式性"。也就是说，大脑总是试图在无意义的信息中发现模式。因为这样可以把复杂的信息简化为大脑容易理解的、看得懂的、认得出的信息。模式化就是为了让大脑快速完成匹配，从而认出事物。而那些不能让大脑从中获得模式的信息，就是无效的信息。模式化是我们操控用户感觉的第二个控点。模式预知就是在信息中为大脑设置明确而鲜明的模式,让大脑可以轻松地从信息中获得模式——高效地认出模式。

我们都有过这样的想法,面对天空的朵朵白云,看着看着就会发现那朵云像匹马在奔跑,那朵云像只小兔子……虽然你没有带着找出一朵云像马或兔子的目标去看,只是单纯地在看,但奔跑的马和小兔子却出现了。这是因为大脑在面对混乱复杂的信息时,掌控的意志促使大脑在信息中建立起秩序和模式,结果就使你看到了一只小兔子或一匹马。大脑在信息中建立模式,遵循一种共性关联的机制。共性关联是指大脑把与同一事物或者对象,存在关联的各元素或信息筛选出来,组合在一起,形成一个符合大脑中模式的事物。天空中的云随意飘着,大脑却在云朵之间找到了共同的关联,这些信息都指向了一只小兔子的模样,于是我们就看到了一只小兔子。

面对复杂、混乱的信息,大脑会在其中寻找共性关联,将琐碎的信息捏合在一起,达到合理化和完整化的结果,从而假想出一种模式,假想出那是什么。我们看待他人也遵循这样的原则。大脑并不是把一个人分开来看,比如单看头、胳膊、眼睛、腿等,而是从复杂的信息中找到存在共性关联的信息,整合出一个整体感觉或形象。比如一个人的脸型、鼻子、发型之间存在的共性关联,都指向一个"斯文人"的形象。大脑这样的信息处理模式,让我们认为这是一个斯文的人。科学家把这种概念叫完形——把琐碎的信息整合成一个完整的整体。

掌控的意志会让大脑无意识地通过共性关联,将感知到的各种信息捏合起来,告诉我们那是什么。哈里·麦格克和约翰·麦克唐纳在1976年制作了一段演讲的小视频。视频中他看起来是在说"da da da da da"。但是,当他们让被试闭上眼睛去听的时候,不可思议的事情发生了,被试听见的是"ba ba ba ba ba"。如果让被试堵上耳朵,只用眼睛看。被试听又感觉他说的是"ga ga ga ga ga"。大脑看到的"ga ga ga",和听到的"ba ba ba",面对这样的不一致和混乱。大脑会在其中寻找共性关联来理解信息,g 和 b 都与 d 存在共性关联,这样的共性关联最终让大脑得出了结论——演讲者说的是"da da da da da"。很多时候我们意识到的,是大脑将各种感觉捏合在一起的结果,特别是在信息比较混乱、不鲜明的时候,大脑更擅长这样操作。

共性关联的机制大大提升了大脑处理信息和认出信息的能力和速度。大脑只要从复杂的信息中找到两个以上并存在共性关联的元素,就会马上与大脑中存在的事物匹配上——认出那是什么。比如一棵松树,你只要看到像针一样的叶子和非常粗糙的树皮就会认为它是一棵松树。针一样的叶子和粗糙的树皮之间存在共性关联——两者都指向了松树。这样的信息加工模式并不需要大脑仔细地处理全部的信息,就能快速获得掌控感。大脑处理复杂的信息都依赖于共性关联这个机制。

2. 大脑偏爱存在共性关联的信息

我们可以借助各元素之间存在的共性关联来塑造信息,从而提升大脑对信息的认出度,让大脑把信息带入大脑。共性关联是不同事物或者元素单独存在时,并不带有鲜明的情感,但是一旦将它们放在一起、组合在一起,就会共同指向一个带有鲜明情感的形象、状态，或者对象。共性关联是塑造形象、状态和对象最重要的方法。这其中要把握的一个非常重要的原则，就是元素之间要彼此塑造，元素彼此之间注重内在的相关性。彼此的存在是在增强对方的情感，深化所要塑造的对象、形象和状态。信息中每个元素的出现都是为了促进整体目标的刻画。当然了，首先我们要知道自己要塑造一个什么形象或状态，要给大脑一种什么感觉。这其中包括有形和无形两种塑造的目标。

　　我们来看如何借助元素之间关联的一致性塑造一个有形形象。比如你要塑造一个嬉皮士形象。就可以通过几个重要的元素来完成，比如长头发、大胡子、颜色艳丽花哨的着装等。这三种元素发生在一个人身上，就会塑造一个嬉皮士的形象来。这就塑造了个有形的形象。还比如当你把格子衫、牛仔裤、戴眼镜组合在一个人身上，那么，立刻就塑造出了一个"码农"的形象。你设计的信息一定要让大脑可以轻松地将这些元素"捏合"在一起，形成某种鲜明的形象。

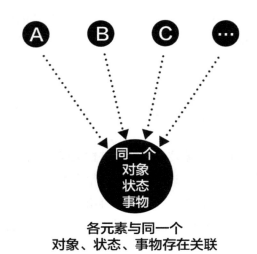

各元素与同一个
对象、状态、事物存在关联

我们还可以将存在共性关联的状态，组合起来塑造一种状态。前面我们说过一个广告。开头提出一个问题"你为青春做了什么？"接下来展现了四个情景和提出了4个问题："黏在游戏里？黏在漫画里？黏在手机里？黏在枕头里？"广告展示的这四个情景存在共性关联，就是他们都指向了一种状态，那就是"宅"和"蔫"。这四种情景让大脑会联想到"足不出户，很少与别人交往互动"的情景，构建起一种萎靡不振、没有生机和活力的生活状态。这就是通过各状态之间关联的共性来塑造一种状态。

我们还可以借助共性关联来塑造一种感觉。我们要打造一个具有现代感的店铺。那么，你就可以围绕玻璃、白色、金属、灯光这样的元素来设计。这样素材存在一种内在的关联，它们发生在一个空间里就会产生一种现代感。这样一来你就塑造了一个带有现代的店面。

文字也好、图案也好、产品也好、品牌也好都是在塑造，塑造一种感觉、塑造一个形象、一个对象、一种状态等。你是否能够塑造成功，完全要看你在选取素材的时候是否，选择了彼此存在共性关联的素材。同时也避免了采用与对象关联性不强的素材和元素。所以，共性关联是塑造性的关联方法，无论你要塑造什么都可以借助共性关联来实现。

3. 大脑偏爱绝对关联的信息

美国心理学家、新行为主义学习理论的创始人斯金纳，曾做过一个关于鸽子的实验。他把饥饿的鸽子放入一个精心设计的箱子里，无论鸽子做出什么反应，都会有规律地间隔性地给它喂食。一段时间后，他发现鸽子开始重复做一些任意的动作。在食物出现之前，一只鸽子会在箱子里逆时针转两到三圈，另一只则将头伸向箱子顶部的一个角落，第三只鸽子则会做一个"举"的动作，仿佛把头伸在什么东西的下面，然后把它重复举起。鸽子们学会了重复做食物出现之前它们所做过的任意动作。斯金纳把这一现象称为"迷信"行为。其实是鸽子在自身动作与食物出现之间找到了规律——发现了关联。鸽子认为是它们的重复动作引起了食物的出现，只要做这个动作，就可以得到食物。而事实并非如此，食物的出现和动作没有任何关系，只是巧合。

加拿大的研究者们做过一项类似的研究，他们让被试按动两个按钮，来控制随机闪烁的灯光。目标是发现闪光的规律。被试通过尝试各种按键的方式后，给出了闪光的规律。但其实灯光闪烁依旧是随机的，根本没有什么规律可言。大脑对信息的"成形"加工，除了通过共性关联获取完整形象这种模式，还会通过另外一种信息加工机制，在混乱的信息中建立模式，那就是在信息中寻找规律和逻辑。要想在信息中建立起规律和逻辑，需要大脑排除各种干扰才能在事物之间建立起来。鸽子和人，之所以都能在随机的信息中找到规律，是大脑掌控的意志促使大脑这样去做的。在大脑看来明确的逻辑关系也就意味着在事物之间存在绝对关联，绝对关联是指事物之间存在单一的，可复制、可重复的规律和逻辑关系。这就像你认为按电梯的关闭键可以让电梯关上，你为了让电梯门快速关上会重复按关闭键。这样的行为是因为你在大脑中在按键和关闭之间建立了绝对关联。

在《黑天鹅》这本书中，作者纳西姆·塔勒布提到了叙事谬误这个概念。他说我们无法在不编造理由或者加强一种逻辑关系的情况下，观察一系列事实。我们对事实的理解会与事实混在一起，使事实变得更容易被记住、更符合道理。也就是我们会习惯性地把过往的经历简单化和逻辑化。

马云在演讲中说过一段话，"我没有什么比同年代的人厉害的地方，唯一不同的只是我比较乐观，我会找乐子。创业要心存理想，假如你看到的是社会积极、正面的一面，你看到的永远是乐观的一面，去改变自己的一面，你才会成功。"这样的想法就是把复杂的事情简单化和模式化的结果。这段话在事物之间建立起了绝对关联——我的成功与积极乐观的心态有关系。大脑无论面对什么事情，为了获得掌控感，都需要对事物进行归因，找到其因果关系。不单单是马云在这样理解自己的成功，我们每个人都会用这种方式理解自己和自己的生活。否则，大脑就会产生无助的感觉。这么说吧，如果我们不能把信息模式化，恐怕我们都无法谈论它。告诉大脑自己的成功是有逻辑可循的，并不是在靠运气，这样的行为会让大脑拥有满满的掌控感。

从信息中获得鲜明的逻辑，大脑还会拥有一种满满的获得感。获得感是在事物与事物之间获得一种新的绝对关联。也许看完马云的这段话会让你有一种满满的获得感，是因为他给了你一个绝对关联——只要心态积极乐观，就会像他一样成功，这大大地低估和忽略了运气和随机因素对结果的影响。其实在大部分成功的故事中，运气的成分远远超出了故事中所讲述的那些技能或者能力水平的作用。在故事中之所以不强调运气和随机性的因素，是因为运气的成分越多，随机的成分越多，事情就越是不确定，我们能从中获得的东西就越少，故事对我们的吸引力也会随之降低。如果随机性的因素太强,我们也就无法在事物之间建立起绝对关联,大脑就会没有掌控感。如果马云的成功与他的乐观没有必然的关联,这样一来我们听完这段话就什么要点也抓不住,什么也学不到,那么这个故事对我们就毫无意义。获得感会排斥随机性和运气的成分,其核心是在事物之间建立明确的、稳定的关联,而不是模棱两可地记住,大脑掌控的意志的核心是为了避免不确定性。

建立绝对关联的3原则

在设计信息的过程中,你要能够让大脑轻松获得逻辑和规律——建立起绝对关联。信息的设计要遵循3个原则——逻辑简单、绝对、可操作。

首先是逻辑简单。马云的这段话有简单而清晰的逻辑关联——成功与积极乐观的心态密不可分。整段话都在强调乐观的重要性,比如,会找乐子、心存理想、看到社会积极正面的一面,改变自己等。在强调了这么多乐观后告诉你,你才会成功。乐观决定你是否成功,就是这段话的简单逻辑。

其次是绝对。逻辑关联之间要存在绝对性和唯一性。"我没有什么比同年代的人厉害的地方,唯一不同的只是我会乐观",这句话是在强调逻辑关联的绝对性,把成功上升到一种绝对的模式,让大脑感觉这段话很有用。在绿瘦减肥产品的宣传中曾用过"没你不型、有我就型、完美超型"的宣传口号。这短短的12个字中就制造了三条绝对关联,第一条绝对关联"没你不型",暗示着没有你做不到、变不成的样子,这是对你的能力或是可塑性的绝对化。第二条绝对关联"有我就型"是将产品与用户的可塑性关联在一起，有了我你就可以想怎么瘦就怎么瘦，这是在把减肥与绿瘦之间的关联绝对化。第三条绝对关联"完美超型"，完美是一种绝对化的表述，在绿瘦产品中暗示着最好、最佳的身材，这是将产品与完美的、最佳的身材关联在了一起。整个宣传语在暗示，如果有了我你可以想怎么瘦就怎么瘦，想要多完美就会变得多完美。这都是在试图让产品在用户的大脑中建立起绝对关联。大脑相信一条信息和认为一条信息有用，需要忽略很多其他信息才能做到。大脑的忽视功能是为了建立起绝对关联。绝对关联是为了在复杂、杂乱的信息中建立起唯一的、稳定的秩序和模式。这对大脑来说意味着绝对可信。模式化是大脑信任的基础。

最后是可操作。信息中提供的模式要可操作、可重复，这样的话大脑才会感觉该信息可为我所用，有可能发生在自己身上。马云的那段话也做到了这一点——"……去改变自己的一面，你才会成功。"这句话暗示着保持积极乐观的心态，你也会像我一样成功。这就是这种逻辑的可操作性，这意味着它可以被复制，只要遵循这样的逻辑，成功会发生在每个人身上。

大脑特别钟爱有鲜明节奏的信息，这是因为节奏意味着有规律、有逻辑的重复。节奏是信息入脑非常重要的形式，也是大脑非常喜欢的形式。比如，你会发现你能回想起来的音乐基本上都是节奏或旋律非常鲜明的音乐。比如《水手》《小苹果》这些都是节奏和旋律鲜明的音乐。有规律的重复可以让大脑产生预测——听到上一个音符就能预测到下一个音符，这样一来音乐与大脑就会产生共振。同时，听节奏感强的音乐，大脑会有一种参与感，能跟着节奏附和，这样的形式可大大提升大脑的掌控感。关联的可操作性在这里也指鲜明的逻辑和规律使得大脑可参与和可控制。如果大脑听到节奏不鲜明的音乐，听到上个音符无法预测到下一个音符是什么，就只能被动地听，很难学会这首歌曲，因为这对大脑来说是不可操作的。

有段时间在电梯里出现了一个投影仪的广告，整个广告的画面很简单，就是一个人盘着胳膊，一边有节奏地耸肩，一边跟着耸肩的节奏念着品牌的名字，有些平庸而俗气的感觉。但是，在看过几次这个广告后，你就会发现这个广告的广告语会时常回荡在你的脑子里。这就是有节奏的信息不断重复对大脑的影响。所以，对品牌和产品的命名要朗朗上口，最好要押韵。广告的配乐中要特别强调节奏的问题，鲜明的节奏会让大脑产生鲜明的逻辑。有节奏的信息中存在绝对的关联，这让大脑可以轻松地将其带进脑内——被大脑参与和重复。

大脑为了让信息变得尽可能容易理解，会在根本不存在模式的情况下创造出模式，因为在大脑看来没有无缘无故的事情。只要被大脑的意志盯上，大脑就一定要从中找到模式。所以，你为什么不主动给大脑提供模式，让其深陷其中呢？

第十章
操控用户感觉的控点三：脑补设定

1. 推理是一种超感关联

在混乱的、复杂的信息进入大脑后,大脑会通过模式化,在信息中构建起完整性并寻找出某种逻辑和规律。而在有限的、不完整的信息进入大脑后,大脑会启动另外一种机制对信息进行加工,那就是推理、推测、猜测。大脑通过这种方式来对信息进行脑补,从而快速与大脑中的模式进行匹配。脑补是我们操控大脑感觉的第三个控制点。脑补设定是通过设计将大脑脑补的方向设定在一个我们期望的方向。

德国物理学家和生物学家赫尔曼·亥姆霍兹在1852年提出人们对世界的感知是依赖于无意识推理的反应机制。大脑会通过少量的信息来进行假设和猜测,而这种假设和猜测是建立在过往经验的基础上的,是大脑借助过往经验对事物的虚构和假设。比如,看到下面这张图时,大脑会根据感知到的信息,结合过往的经验,让你认为图中的圆点是由上方照下来的光形成的。图中白色的圆点上亮下暗让你感觉是凸出来的,暗色的圆点上暗下亮,让你感觉它是凹进去的。你之所以会这样理解这幅图,完全是因为你在看到它的时候,与大脑中过往的经验对接后产生了无意识推理,但事实并不是大脑推理的那样。当这张图旋转 90 度这种错觉就会消除。

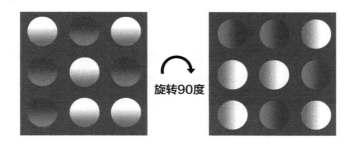

同样的道理,当你看到下面这张图时你一定会认为,草丛中藏着一头鹿。而当你看到这句话——"好热啊,好像吃个……"你一般会在这句话中自动补充上"冰淇淋"。

也就是说，在我们能完整地感知信息之前，大脑必须依据到达感官的有限信息来推理这个物体可能是什么。你可以试着观察一下眼前的任何事物，你会发现，你真正能看清楚的只有直径两三厘米的范围，也就是一个一元钱硬币大小的范围。进入你视野范围的内容，比如，什么事物的位置是什么，它是什么形状，是什么颜色的，都是大脑根据脑中世界无意识推理的结果，其实你并没有真的看清楚这些东西。就像我们在前文中欣赏那幅名画那样，其实你什么也没有看见，但你认为自己看见了。这就是你的大脑根据少量信息与脑中相关的信息推测的结果，推测出那应该是什么东西、是什么样子。你不需要真实地看到和看见。这就像你坐在电脑前，面对着电脑屏幕。但是你知道你的妻子在哪里上班，你的孩子在哪所学校上学等，屏幕之外的一切都是你推测、推理的结果。推理能力是大脑获得掌控感的重要方式。

2020年年初暴发的新冠肺炎疫情。专家们通过对患者的接触轨迹和对病毒的分析研究得出，病毒传播的轨迹和模式。但是，对于广大民众来说，该怎么防范才有效呢？这时大脑推演的功能就派上用场了，研究发现，病毒可以通过唾液和飞沫传播，大脑推演出空气中可能存在病毒，所以人们出门要戴口罩；还推演出病毒可能出现在电梯按钮、门把手等人们经常接触的地方，所以，人们需要勤洗手来杀灭病毒。抗击疫情时，大众做的所有防护方式都是大脑推演而产生的行为，我们在这个过程中都没有见过敌人——病毒，全靠推演来与其过招。也正是大脑的这种推演能力才使人们在与疫情的战斗中大获全胜。

大脑的推演让我们有了一种超越直接感知的能力，在事物之间建立起超感关联。超感关联是指从有限的或者现有的信息中获得的感觉、印象，沿着情感路径进行了扩散和推广，它是一种超越当下感知内容的关联模式。超感关联可将过去、现在和未来关联起来，将外在与内在关联起来，将可见与不可见关联起来，将局部与全部关联起来。这对人类来说是一种飞跃性的能力，让我们能够活在未来。这就好比人在打球的时候，如果只是凭借大脑对球实际落地的位置进行反应——看到结果再反应，那么人们永远也接不住球。大脑通过接收的信息加上大脑中对球运动轨迹进行了预测，提前在球将要落下的位置等着球，所以我们才接到了球。有了这种能力，我们才能与看不见的事物进行互动，才能与未来的事物互动，才知道该如何与一个不熟悉的人互动，才知道该如何去理解一个摆在面前的产品。

2. 大脑喜欢推理情感鲜明的信息

推理其实是在感知一种可能，这种可能是大脑通过获得的有限信息推算出来的。那么，大脑推理时是遵循怎样的原则呢？只要我们知道大脑推理时遵循的原则，就能控制大脑在事物之间的超感关联。这对影响用户行为来说非常重要。

首先，大脑已经在成形的环节中获得了鲜明情感。情感鲜明就会具备感染力，容易被大脑推理出来。在一项实验中，研究者分别让被试看了两个孩子的照片，其中一个孩子看上去既聪明又可爱，另一个孩子看上去却正好相反。他们分别告诉被试，照片中的孩子刚才将石头裹在雪球里砸中了另一个孩子，然后问被试怎么看待这两个孩子的所作所为。结果看到长相可爱的孩子照片的被试，认为这个孩子不会做这样的事情，即便做了也可能不是故意的。而看到长相并不可爱的孩子照片的被试，认为这个孩子很可能会做这样的坏事。当大脑获得可爱的印象时，对这个孩子的推理是正向的，也就会认为这个孩子的行为也很可爱，不会做招人烦的事。而长相并不可爱的孩子给人的感觉并不可爱，大脑对他行为的推理就可能是负面的，认为他更容易做坏事，未来更没有什么发展。

大脑在成形的过程中会将带有同样情感的元素捏合在一起，对事物形成鲜明的整体印象。信息在大脑中成形的过程其实是在组织情感，让大脑感知到事物所带的情感，这样大脑才知道该如何对待它。在推理的过程中，大脑会将从信息中获得的情感推演开来。如果该对象是一个人，大脑会将获得的情感推演到这个人的行为、生活习惯、为人处世，甚至是未来等。就像实验中那个孩子，大脑认为可爱的孩子，会做可爱的事情，未来更有前途等。

很多广告中都用穿白大褂的人物，来塑造专家的形象，这一点对加强用户信任很有效。你去医院也一样，如果给你看病的医生没有穿白大褂，你总会觉得他不是个医生，甚至是不专业，他给你的诊断结果感觉也没那么可靠。这就是白大褂带有鲜明的情感——它与专业、严谨、救死扶伤、奉献关联在一起。这种鲜明的情感让你对医生产生了正面的推理。所有打造情感的方法都是为了让信息、产品、品牌带上鲜明的情感，都是为了让大脑在推演的时候，把产品和品牌往好的方向联想。因为我们在当下只能为用户提供有限的信息，不能把产品的整个生产线，以及产品使用后的效果完完全全地呈现在用户面前。这就像投资人看到的只是项目方案和对你这个人的整体感觉，剩下的内容都需要投资人根据这些信息来推演，以此决定投资与否。制造超感关联就是要让信息带上鲜明的情感。让这种情感形成锚点，让大脑围绕这个点来推演。关于如何让信息带上鲜明的情感，前文已经阐述过了，大家可以去温习一下。

3. 大脑喜欢推理简单清晰的信息

信息有感染力，大脑才愿意将其深入带进。信息想要提升感染力除了情感鲜明，还要简单清晰。简单是大脑超感关联发挥的前提，简单的信息进入大脑后才容易受到意志的驱动从而茁壮成长。就像你看到一个个子很高，长相眉清目秀的男孩，你会感觉他既斯文又可爱。这样的信息很容易让你对这个男孩产生正面的关联，认为他对自己的恋人会很体贴很温柔，他也不会做坏事，学习和做事情也很认真。简单清晰的信息能提升大脑推理的流畅性。另外，简单的信息可让大脑更容易根据脑中现有的素材自由发挥，更容易根据自身的需求顺利进行脑补。

信息一旦复杂所带的情感也会复杂。信息带有的情感越复杂对大脑的约束就越大，就越不容易被大脑自由地发挥。因为大脑一想发挥，就会被别的信息带着的不一致情感所干扰。当你认为那个男孩长相斯文可爱的时候，你发现他的左手手臂上，有一个奇怪的纹身。这时你对他斯文可爱的感觉就无法构建起来，当然你也不能轻松地推理出他会对自己的恋人温柔体贴。这就是信息复杂后，阻碍大脑推理发挥的结果。

我们都有过这样的时候，刚想到一个赚钱的想法时，总感觉这是个好项目，一定会赚大钱。但是，过不了多久，甚至是睡一觉醒来，这种感觉就会消失。这其中的原因就是当我们刚想到一个想法的时候，这个想法很简单，很容易让大脑推演开来。无论这是一件自己想做的事情，还是一件自己不想做的事，大脑只要围绕单一的想法来思考，很容易产生连贯性的结果——好的很好，坏的很坏。信息简单时，大脑很容易被信息带有的情感所影响，制造一致的关联和连贯的关联。但是时间一长，我们考虑到的问题越来越多。比如，该项目没有核心竞争力、自己没有足够的资金、团队的问题等。这些问题会干扰大脑围绕这个想法讲一个前后一致、因果关系明确的故事。比如，你想开一个网店，你之所以信心满满地想要开这个网店，就是因为你此刻只是围绕单一的问题——如何开网店，或者是开店后如何如何挣钱等问题在思考。当你同时想到货源、代工厂、产品质量等更多问题的时候。这些问题让你无法把成功开一个网店这个故事讲成前后一致，所以你的自信心马上就会消失。信息简单是大脑自圆其说和自我说服最重要的条件，决定着我们是否采取行动。这也是信息简单的另一个重要作用，它能促使大脑积极地采取行动。我们能去做一件事情都是因为我们会将其想得很简单。习惯性地将其想得简单，能够让我们一步一步向前走。那些行动力差的人基本上是那些想得太多的人。想得简单能够让大脑建立起信心，信心能让我们积极地采取行动。

信息简单在消费行为中也是非常重要的因素。因为用户只有想得少，才会容易产生购买行为。比如，一件衣服你只想到穿上它自己会变得多么漂亮。如果你又想到它可能会掉色，过两天可能会降价等信息，你就会犹豫，购买的冲动也会消失。

多项研究表明，当被试只听一方辩词时，更容易相信这些辩词。而如果听到多方的辩词就会对各方的辩词产生怀疑；与那些陈述比较复杂的、长篇大论的解决方案相比，人们更愿意相信那些陈述比较简单易懂，只有简单几页的解决方案；说话也是这样，采用比较简短的、结构简单的语句表达自己的观点，可以让人们不费力气和比较连贯地理解信息。《鬼谷子·本经符》中有句话说："言多必有数短之处。"也就是我们平时理解的言多必失。原因就是话说多了，如果话与话之间无法建立起连贯性和一致性，就会大大降低别人对你的信任度。所以，要想让人们感觉你说的是真的，你的阐述就要简单清晰易懂。对大脑来说越是容易理解、容易想起的信息，就越真实，也会越喜欢。在关联的时候轻松顺利不受阻碍，是大脑构建信任的基础。矛盾、冲突、复杂、模糊的信息，不容易产生超感关联，同时也不容易让大脑相信。

4. 大脑喜欢推理连贯一致的信息

让信息情感鲜明、简单清晰，是为了大脑在进行超感关联时，可以围绕信息展开深层次的一致关联。一致关联是指大脑在进行超感关联时，遵循的一种更加深层的关联原则———致性和连贯性。一致就是好的都好，坏的都坏。连贯是可以持续好或持续坏。大脑认为可爱的孩子性格好、会乐于帮助人、会做好事。同样的道理，他们也会就读好的学校，进入好的公司，有好的未来等。这就是大脑在遵循一致性和连贯性的原则，进行超感关联。在一致关联中，很少有中立的或者相反的推理，比如可爱的孩子有时也干坏事。可爱的孩子满肚子都是坏点子等。大脑不太善于做这种违背一致性的关联。

光环效应就是大脑在无意识推理的情况下产生的。光环效应最早是由美国著名心理学家爱德华·桑代克于20世纪20年代提出的。

它是指一个人的某种品质，或一个物品的某种特性，一旦给人以非常好的印象，在这种印象的影响下，人们对这个人的其他品质，或这个物品的其他特性，也会给予较好的评价。比如，当你知道小米的手机卖得很好的时候，你会认为小米的其他产品也卖得很好，你也会认为小米的股票很有投资潜力等。这就是思维连贯性和一致性在发挥作用。

我们让产品、品牌和信息与事物建立情感关联，很大程度上就是为了利用大脑关联的连贯性和一致性的原则，将事物所带的情感牵引到产品、品牌以及信息上来。比如，找一个非常漂亮可爱的孩子出现在奶粉或者尿布湿的广告和包装中。这种方式就是在让可爱的孩子与奶粉和尿不湿产品建立相关性。大脑无意识地将漂亮可爱的孩子所带的情感推导到奶粉和尿不湿产品上来，认为孩子很漂亮可爱，奶粉与尿不湿的品质也会好。奶粉和尿不湿会成为孩子漂亮可爱的原因，或者说可爱的孩子使用的尿不湿和奶粉也是优质的产品。

同样的道理，我们可以借助大脑无意识关联追求一致性和连贯性的原则，来打造企业的产品线。产品线的设立要让用户直观地感受到一致性和连贯性，这会让大脑感觉产品延续了一贯的正宗"血统"。比如，奥迪的车名分别是奥迪 A1、A2、A3、A4、A5、A6、A7、A8；Q2、Q3、Q5、Q7、Q8 等。还有 iPhone 手机从一开始的 iPhone、iPhone3、iPhone4 一直到现在的 iPhone12，这其中就遵循了一致性和连贯性的原则。这样做的好处是会让大脑感觉产品很好地传承和继承了品牌的优良品质。

当大脑认为你的品牌值得信任的时候，会认为你的产品的品质有保障，公司的服务一流。但是当用户接触品牌的售后服务时，售后却给了用户留下了不好的印象,品牌一手建立起来的美好形象就会面临瓦解。这就需要商家将与用户接触的每一次机会当作延续用户好感的机会,用心地处理好与品牌和产品相关的每一个细节。商家千万不要认为这是微不足道的事而不做。在用户那里事情没有大小,只有好坏。用户只会用好不好来评价你,而不会以事情的大小来衡量你。不要让自身的一些微不足道的小瑕疵破坏掉自己一手建立起来的一致性和连贯性。

要记住的是,我们呈现给用户的不是全部,无论是文案、广告、产品、营销方式等方面都不是一个企业、一个品牌的全部。我们都是在试图借助大脑无意识推理的原则,让用户认为我们是好的、优质的、有保障的。用户的大脑对企业和品牌的认识完全是通过接触到的有限的信息推理而来的。所以,我们所做的大部分工作都是在用户心中建立一致性和连贯性。只有真正理解这一点,我们才能真正理解自己要做的事情是什么。

5. 大脑喜欢模式化反应

大脑对信息进行"成形"和"脑补"的加工,就是为了在信息之间找到或建立关联,从而与大脑中的模式进行匹配。这样一来,大脑才能认出信息——获得概念、意义和情感。大脑认出信息就会启动模式化的反应——知道该如何面对和应对事物。所以,大脑对信息进行"成形"处理,是为了进行快速匹配和模式化反应。

在通过高速收费站的时候,我曾几次差点闹出笑话。收费员完成收费后,电脑系统会自动播放语音提示——"收费十元……一路平安"，同时抬起通行杆，放行车辆。每当我听到这个语音提示，看到通行杆抬起，就会自动地去踩油门，而完全忘了收费员还没有找钱给我。有一次我的车开出去两米远，又被收费员叫了回来。这就是大脑在认出信息后做出的自动化、模式化的反应。

我们一直在说大脑是个机器，机器就是模式化运作的。大脑赖以运作的程序是各种模式。"……一路平安"和通行杆抬起，这样的信息对大脑来说意味着通行。大脑接收到这样的信息，就会启动模式化反应——踩油门、通过。同样的道理，红灯会让人们感觉危险，做出停下来的反应；一个产品的包装上如果印有小猪佩奇的图案，人们就会认为它是儿童产品，就会想要不要买给孩子；一个谈吐优雅、文质彬彬的人，会让人感觉有学问、有见地，人们会想要和他多聊几句。这些都是由于我们的大脑在各种事物之间建立起了固定的关联导致的结果。红灯等于危险，大脑认出这样的模式，是为了启动模式化反应——停下来。

模式是多样化的，大脑既可以创建视觉模式，也可以创建听觉模式，甚至是味觉模式等。在《成瘾：如何设计让人上瘾的产品、品牌和观念》这本书的移动端产品页图片中，我们就为用户创建了两种视觉模式。第一个是便宜的模式，通过在产品图片下方设计显眼的促销价图标，从而制造了与一般产品页信息的区别。这样的图标为用户制造了便宜的模式，当用户看到这样的图标，就会认出产品正在促销，此刻购买很便宜。同样的道理，超市的价签如果是黄底的，你便会认为那是低价促销产品。另外一个是权威的模式。通过在产品右上角添加权威推荐的个性图标，让大脑产生权威模式，让用户认出产品具有权威性，并且品质可靠，可以放心购买。

第十章　操控用户感觉的控点三：脑补设定　149

借助听觉来制造模式化反应也能达到非常理想的效果。比如在"618年中大促"中，有些网购平台会推出抢红包的活动。手机屏幕上瞬间散落下很多红包，用户可以快速点击领取，而且用户每次点击都能听到金币掉落的声音。这样一来，大脑就会感觉有很多现金落到了自己口袋中，就会非常卖力地去抢红包。

大脑的模式化运作方式，让这个世界有了可操作的空间。出现在拼多多和聚划算中的产品，更容易让用户感觉很便宜，用户也就更有可能产生购买行为。其实，这是平台在用户大脑中构建起了一种模式——平台等于廉价。构建这样的模式是为了让用户疯狂地"买买买"。京东这样的购物平台，为用户提供的每一项服务和采取的每一个用户策略，都是试图把用户导入一种模式，用模式来启动用户的模式化反应，比如"618大促、秒杀、直播、发放购物满减优惠券、评论赚京豆、白条"服务等。这些服务都是为了在用户的大脑中构建模式，让用户形成模式化反应。其实，任何的商业行为都是为了在用户大脑中导入一个模式，或者将一种模式植入用户大脑中，最终使用户形成模式化反应。

记住，模式能让大脑获得认出感和掌控感，归根到底是由于感觉在激发大脑的模式化反应。

第十一章
操控用户感觉的控点四：想象活化

1. 与情景关联可以制造真实感

优选、成形、脑补都是大脑在意志的驱使下产生的脑内行为。这些步骤也体现了大脑在将信息一步步往大脑深处带入——都是为了试图让大脑获得一种确定的感觉或印象,也就是确定的情感。当大脑从信息中获得确定的情感时,才会让信息更加深入地进入另一个环节——活化。这就像你只有确定了主角是个怎样的人,才知道该如何围绕他来讲故事。活化是指大脑围绕产品、品牌、信息展开联想和想象——讲故事给自己。这是一个非常有入侵性的环节,如果大脑无法确定信息所带的情感,是不会进入到这一步的。活化是对信息进一步的确定,确定的方式是在大脑中构建起真实感,让事物在大脑中变得真实、逼真和生动,对大脑决策和行为发挥着至关重要的作用。人们大部分的消费行为基本上都需要这个环节来促成。活化是我们操控用户感觉的第四个操控点。

推理与想象之间的区别在于，推理更多是根据信息所带的情感对事物的相关状态进行推断。比如，可爱的孩子做可爱的事。这就是大脑在根据孩子的形象对孩子的行为进行推断。这其中并没有对细节的深入刻画，因为一旦对这种推断进行更加丰富、生动细节的刻画，就是想象在发挥作用了。比如，你看上一件很高档的裙子，这时你会想象自己穿着它去参加公司的年会，公司的男同事从自己的身边走过，都直勾勾地盯着自己看。这种画面生动、情景丰富的想象，首先是导入了情节和情景，也就是建立了情景关联。情景关联是将产品、品牌、信息植入特定的情景或情节中，与其发生关系，并且融为一体。情节和情景的营造注重细节、生动性、画面感的刻画，会让信息变得更加的丰富、丰满、逼真。

想象是一种更加主动的构建方式，它首先是通过情景关联来实现的。想象就像自我催眠，催眠时大脑神经会集中于情景的深层构建。将意志集中在情景和情节的构建上是催眠和想象的共同之处，不同的是催眠更多是外在引导下的构建——催眠师的导语引导被催眠者构建。而想象更多是大脑自我意志驱动下的构建，自我意志驱动的想象会让大脑的注意力集中在一处，阻断外界干扰并完全地沉浸在这样的情景和情节中，沉浸在脑内营造的世界，感受其中的真实。活化是通过制造情景关联——与某些情景关联起来，来营造和模拟一种真实的感觉。

情景关联既会让产品的存在变得合乎情理、恰到好处，也会让产品变得必不可少。更重要的是，情景关联会生动形象地体现出产品的价值和意义。比如，那条高级的裙子，通过想象你将它与你的一个生活情景关联起来，让它变得重要和必不可少。因为这个情景需要它，它也最适合这个情景，而你将会进入这个情景，这样一来必不可少和重要感就产生了。事物变得重要是以真实为前提。

2. 与自我关联可以制造真实感

情景关联是想象围绕情景进行构建的模式。在想象中还有一种构建的模式就是自我关联。自我关联是大脑将自我投射在信息中，与自我关联了起来，比如想象我在看，我在用，我在感受等，都是在建立自我关联。自我关联重在构建"我"的感受，"我"的体验等，自我关联是对自我感觉的全面模拟。一条高级上档次的裙子，大脑要将其请进自己重要的生活情景，感受它对自己带来的某种美好的可能，是大脑在围绕"我"来编一个与裙子有关的故事。这一步如果完成，那么信息就会与自我紧密地集合在一起。与自我相关更容易让大脑产生某种真实而强烈的感觉。这是信息被带入大脑后的深潜——感染自我，蔓延进自我的世界。通过想象让事物变得与自我关联起来是大脑主动将事物请进大脑的过程，这也意味着自我防御已被彻底攻破。让用户建立自我关联，就意味着将一条裙子深深植入到了大脑深处。

很多时候，用户在围绕那条裙子想象的时候，会非常渴望拥有它。但是，这种"脑热"的状态会随着时间恢复平静，用户购买的冲动也会消失。但是，只要信息与自我相关，信息就已经成功地被植入进用户的大脑。即便大脑冷静下来，大脑通过想象构建的美好情景也不会消失，它已经成为关于用户的故事，关联着与自我相关的美好感觉。当用户在没有外在信息刺激的情况下再次想到那样的情景，还是会被激活购买的冲动。重要的是它成为自我的一部分，已经与大脑中最大的执念——自我，关联在了一起，不会轻易消失。只要用户还有自我意志，这个关联就会被再次激活。这也是为什么有些东西我们第一次遇见就很想买，但是后来一想，它恐怕没有那么好，就放弃了购买。但是过不了多久，我们还是把它买了回来。因为在第一次产生购买冲动的时候，大脑通过活化已经把信息植入进深处——与自我紧密地关联在一起。只要我们放松警惕或者接触到相关线索，它就会被再次启动。只有购买行为产生后，这个想法才会从我们的大脑中消失。要想信息对用户产生持续的启动作用，商家就需要让信息潜入用户的大脑深处与自我产生关联。这样，这个信息才会不断地启动大脑，持续产生某种渴望和冲动，直到用户完成购买行为。

大脑进行活化会围绕两个重要的因素展开，一个是情景，一个是自我，因为这两个元素都是大脑联想和记忆的核心编码。大脑围绕一件事情想象是围绕其情景展开的，没有情景大脑就没有联想的基础。比如，一位高级厨师如果没有食材，是无法做出一道美味可口的菜肴的。想象是以情景为编码的。所以，情景的作用非常重大。另外，大脑进行深入的想象都需要围绕一个主角展开，那就是自我。情景和自我是深入想象的核心，也是对大脑产生影响的两个核心要素。

3. 感觉能弥合想象与现实的差距

在这里你可以设想一下，大脑相信的是什么，大脑中有什么呢？当然是感觉。那么，当你不相信自己的感觉时，你还可以相信什么呢？恐怕你会寸步难行。感觉是大脑意志运作的结果和目的。

意大利帕多瓦大学的心理学家团队曾经做过一个实验。他们要求 30 名被试阅读弗朗西斯·克里克的作品《惊人的假说》。被试被分为两组，一组阅读了不涉及自由意志的内容——他们所阅读的内容，没有说到人是否是自由的。另一组被试阅读的篇章里，却将自由意志描述为不存在的——认为人的自由是虚幻的、不存在的。所有被试的头部均与绘制脑电图的机器相连，以监测他们大脑的活动情况。

接着，研究者要求被试在电脑屏幕上出现光标时，按下鼠标键。那些阅读了认为自由意志不存在内容的被试，他们大脑的反应要慢得多。他们的行动似乎更难自主控制。研究者认为，如果人们被灌输自由不存在的想法，他们的大脑可能会变得更加迟缓。如果你感觉自己是不自由的，那么你的大脑就会变得迟钝，你的行动力就会降低。不相信自己是自由的，会让人变得不善于行动，没有行动力。反之，感觉自己是自由的，会让你变得积极主动。这都是因为大脑在整个过程中获得了自己是自由的或者不自由的感觉，对人的行为产生了根本上的影响。这也足以说明，我们的大脑是依赖自身的感觉的。

人类大脑最主要的功能是可以通过想象获得感觉。想象的整个过程都是为了让大脑"变热"——唤醒某种强烈的感觉。想象是由大脑意志推动的，能够制造某种感觉。当绝望感、无意义感、无助感齐聚一堂、持续地攻击人们的大脑时，一个人离自杀就不远了。抑郁症患者出现自杀行为就是由这三种感觉霸占了大脑，最终将他们推向了死亡的边缘。然而，这三种感觉更多源自抑郁症患者的想象。是想象为抑郁症患者制造了绝望感、无意义感、无助感的感觉。同样的，你想买或想做的事情真的是所想的那样美好吗？可以说大脑想象的美好远远超越现实的美好，是大脑通过想象营造了美好的感觉。并且当感觉占据大脑的时候，没有几个人能改变它。想象是制造感觉的核心途径。

感觉很多时候虽然不是事实，但是它决定着人们的行为。感觉更多是一种意志，一种信念。即便很多时候你并不会去证实它，但只要你认为它存在，就让你感到心安，就会让你自我感觉良好。就好比你认为上帝存在，但你并不会去证实上帝是否存在，只要你相信它存在，想象它是存在的就够了，这种信念就能让你从中获得慰藉感和庇护感。有一项研究很好地证明了这一点。实验中，被试会听到随机播放的刺耳的噪音。研究人员让一组被试相信按下一个按钮可以阻止噪音，而让另一组被试相信自己对这些噪音无能为力。结果，认为自己可以通过按钮控制噪音的被试全整个实验过程中表现得比较愉悦，虽然大部分被试并没有试过这个按钮到底管不管用。这是因为他们认为自己掌控着、控制着局面——这是一种信念，一种自我与噪音之间存在可控关联的意志。关联其实就是一种信念，信念就是一种感觉。而想象就是在制造关联，产生信念，启动感觉。

大脑通过想象获得了真实感，这时，这种感觉会从根本上影响和左右人们的行为。因为想象制造的真实感具有弥合作用，它像强力胶一样将事实和想象黏合在了一起。感觉让大脑弥合了现实与想象之间的差距，也弥合了过去与未来的鸿沟。当你感觉买件漂亮的裙子自己就会变得漂亮的时候，这种美好的感觉，会让你认为裙子制造的感觉是真实的。这种美好的感觉，会让大脑分不清这是自己想象的还是事实本就如此，在那一刻，想象营造的感觉就是真实的，就是事实。当强烈的感觉产生的那一刻，这两者之间的边界和区别就会消失,大脑会把想象与事实等同起来。大脑这样做的目的是为了影响我们的行为,让我们行动起来——买买买。真正的事实是,想象是脑内行为,与事实并没有太大关系。

4. 感觉的增强能唤醒用户的冲动

想象的整个丰富、深入刻画的过程其实就是在做一件事情,那就是唤醒强烈的感觉。对可能要发生的事情产生强烈的感觉,大脑中的意志才会增强,而最终促使人们产生冲动的行为。我们都有过这样的体验,周日早上八点闹钟响了,你睁开眼睛想,今天是个美好的周末,我要打扮得漂漂亮亮的,去逛街,拍很多照片,发朋友圈——感觉真美好。想到这里,你就会一鼓作气地起床。大脑围绕逛街这件事想象的整个过程就是在激活大脑的生物机制,让大脑释放大量的多巴胺。多巴胺是人们产生行动力的燃料,大脑中的多巴胺越多,人们的行动力越强。大脑通过想象刺激大脑释放多巴胺,让人们产生行动力——马上起床。围绕产品开始想象,可以增强用户拥有和得到产品及做某事的冲动。同样的,如果你想到的是一些事情丑陋、危险、可怕的一面,你也会产生远离的意志——逃跑和回避。如果信息不能让用户展开想象是不能促成实际购买行为的。

活化是人们产生驱动力的重要一步。活化的结果改变了大脑意志的方向——由掌控的意志转变为实现的意志。大脑通过脑补和活化,来获得事物可能的样子或者未来可能的样子,增强大脑对事物的掌控感。这时,大脑才会选择相信和采取行动——靠近的行动、购买的行动、尝试的行动、得到的行动,去实现一个目标——实现的意志产生了。

　　大脑从优选、成形、脑补再到活化，这一过程会让大脑对信息从注意到理解，再从理解到预测，由预测到真实，再由真实到确定，最终由确定到行动。整个过程就是大脑意志的呈现过程。对于每个环节，大脑都带着不同的意志在对信息进行不同层面的加工，这也是在试图把信息带入大脑的更深处——唤醒感觉。

第十二章

操控用户感觉的控点五：体验操控

1. 利用完成感操控用户对目标产生期待

　　大脑掌控的意志更多是停留在认知的层面。大脑在对信息进行深层的确定——确定事物对自身来说是好是坏，此后就会开始采取行动——好的靠近，坏的远离，不好不坏的置之不理。这里强调一点不管是好是坏，大脑都能产生行动的方向，只有面对不好不坏的信息时，大脑才会无动于衷。掌控的意志并不单单要确定信息或事物的好坏、对错，同时也需要确定其可信程度以及安全程度。但是，这其中好和坏的信息对大脑的影响最大，大脑一旦确定事物是美好的、刺激的、愉悦的、美丽的、漂亮的、高尚的、美好的等，就会激起人们实现的意志——大脑就会采取行动去完成和实现。影响用户对行动的体验，是我们操控用户感觉的第五个控点。

　　大脑一旦开始围绕目标行动，就会渴望体验到完成感。而大脑追求完成感的一个路径就是追求捷径。为了省去洗锅碗瓢盆之累，人们会选择方便面、速溶咖啡、速冻水饺；为了省去使用后的清洗过程，人们会选择一次性袜子、一次性内裤；人们会习惯性地选择精华的、浓缩的、全效的、速成的、智能的……只要能让自身省时省力的，人们就可以为其倾囊而出。

商家利用了我们对完成感的需求，在产品广告中为我们精心准备了一桌又一桌的捷径大餐——45天让你说一口流利英语；15天让你甩掉腰部赘肉；让你7天戒掉烟瘾；使用30天让你年轻10岁……商家利用这种手段屡屡得逞。只要是能帮用户直接实现目标的捷径，大脑就会毫不犹豫地一把抓住，直到出现让用户心灰意冷的结果，大脑才会放弃。但是，当大脑下次再遇到通往目标的捷径时，还是会毫不犹豫地扑上去。

在面对目标行动时，大脑最渴望获得完成感。所以，商家在为用户设定目标的同时，也要为用户提供实现目标的捷径，因为在行动中，完成感是大脑最渴望体验到的感觉。同时，完成感也会促进大脑积极地参与购买行动，让大脑感受到成就感和获得感。

在商家的一些促销活动中，完成感发挥着重要的作用。购物网站经常会做一些打折促销活动，比如满100元减20元，或者满100元返20元购物券。这两种促销方式哪种是你喜欢的，哪种活动更能触动你的购买欲望呢？一定是满100元减20元的活动，因为大脑参与这样的活动，是冲着实惠和便宜去的。虽然满100元返20元购物券也能让用户得到好处，但是这种好处并没有随着交易的完成即刻获得，还需要二次消费才能完成。这会大大削弱了促销的诱惑力。而满100元减20元的活动，可以让用户立即获得好处和利益。

这样的方案会让大脑马上体验到完成感。大脑实现的意志是冲着完成目标去的，只有这样的感觉才能收买大脑。

京东的物流时效最高的时候可达到用户上午下单，下午收到，或者下午下单，晚上收到，其高效快捷的配送服务，大大提升了用户的完成感。当用户再选择其他平台购物时，会发现商家在发货后，物流一般都要两三天才能送到，大大消减了用户购物体验的完成感。这样的差异体验会让用户在下次购买时优先选择京东平台，这就是完成感在发挥作用。从满足用户的完成感来说，京东通过自建物流培养用户的消费购物习惯是一项非常有竞争力的战略安排。

拼多多与直播的崛起，有两个重要原因。第一个原因是需求的唤起和购买行为的产生是同时发生的。在拼多多和直播中，用户看到产品信息正处于拼团和抢购的状态，这样的消费形式很容易让大脑获得完成感。第二个原因就是低价格，大大降低了用户买贵了的风险。这两者都避免了用户在选购产品时产生决策焦虑。用户在选购产品的时候，决策的时间越长，选项越多，内心的焦虑感就会越强烈。比如，很多商家喜欢玩一种"到手价"的促销游戏。给一件商品标一个很低的到手价，但是这个诱人的价格是需要满足多个条件才能得到的。比如首先用户要买够 3 件，才能打 8 折，另外，买满 500 元还可以减 100 元。商家以这种形式得出这件商品到用户手里的最终价格非常低，这个最终价格启动了用户占便宜的心理，使得大脑非常渴望以这个价格拿到产品。但是这不是件容易的事，用户为了达到这个目标需要翻来覆去地挑选商品来凑单。虽然这有可能让用户购买更多产品，但是用户在反复选择时决策焦虑也在叠加，有很大一部分用户会因为选烦了，而放弃购买。而拼多多和直播直接给用户提供了很低的价格，而且用户可以即刻完成交易，最大限度地避免了用户产生决策焦虑，让用户获得了满满的完成感。

如果过度限制用户完成目标，决策焦虑会让大脑对目标失去兴趣。所以，让用户快速体验到完成感至关重要。但是这里也存在一个问题，用户完成目标后也会马上对目标失去兴趣。为了持续牵制用户的意志，商家可以在用户完成主体目标后，启动附加或者衍生目标来对用户持续牵制。

有的商家会推出吃够 3 次免费吃 1 次的活动。当你首次消费完成后，商家会给你一张积分券，单从给积分券这个行为来看，它提升了用户对这次消费的完成感——借助发积分券的形式为这次消费行为画上句号。同时，积分券也让消费者产生了一个新的目标——积够 3 张券，完成免费吃一次的目标。大脑只要盯上一个目标就会渴望完成它，因为这是在一个主体目标的基础上衍生出的目标，如果中途放弃还会让用户产生沉没成本效应——认为自己亏大了，没有享受完第一次消费。沉没成本是指由于过去的决策——已经发生了的，而不能由现在或将来的任何决策改变的成本。简单地说，我们把这些已经发生不可收回的支出，如时间、金钱、精力等称为"沉没成本"。而到手的积分券，如果没有让其发挥价值就是沉没成本，沉没成本会让大脑感觉停止完成目标自己会有损失。这样的感觉会让大脑试图投入更多的意志去抗拒赔本的局面发生。

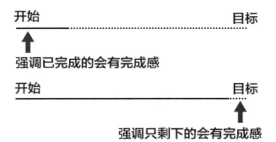

一个目标要想牵制住用户，使用户完成它，在完成目标的不同阶段制造完成感是十分有必要的，这也是牵制用户完成目标的重要方式。这其中是有技巧的，在用户开始完成目标，完成的任务还没有超过整个任务的一半时，要强调已经完成的部分。比如"已经做了很多了，放弃怪可惜的；开始就成功了一半，要坚持下去……"当用户完成整个任务的一多半时，我们要强调剩下的少部分。比如"就剩下一点点了，稍加努力就完成了……"面对整个任务强调少的那一部分会唤起用户大脑完成的意志，使其积极地继续下去。

2. 利用驾驭感操控用户的行为过程

　　大脑确立目标后，如果完成的过程比较漫长、比较困难，或者整个过程比较枯燥和无聊。那么，我们就需要对完成的过程进行调控，提升大脑在完成过程中的驾驭感，让大脑愿意积极地完成目标。

　　人们不愿意做的大部分事情，都可能是对其无法驾驭或者是没有驾驭感，而产生了排斥的心理。所以，要想让大脑持续地将意志集中在一个目标上，就需要让大脑持续地体验到驾驭感。提升驾驭感最核心的方法就是对行为进行升位处理——让行为产生明显的效果。有一种专为儿童设计的鞋子，在孩子们穿着走路的时候，每迈出一步都会发出叽叽叫的声音，这样的设计大大提升了对孩子走路行为的反馈，让孩子们感到很开心。这样的设计解决了孩子动不动就要妈妈抱着不愿意走路的问题。同时，这样的声音也降低了孩子在初学走路时产生的无助感,提升了对走路这一行为的驾驭感。这种鞋子就是对孩子走路的行为进行了升位处理的结果。

新兴的电动汽车在加速的时候没有什么声音,不像汽油车一踩油门就会发出嗡嗡的声音。现在的电动车加速的声音都是设计出来的,是通过音效在模拟汽油车加油的声音。之所以要多此一举地设计这些声音,就是为了提升人们对车的操控感。没有加油的音效,人们在开车的时候会没有开车的感觉,这对开惯汽油车的用户来说是非常不习惯的事情。所以,为了让人们有开车的感觉,商家才为电动车制造了汽车加油的声音来提升人们的操控感,这也是提升行为效果的方法。

关于如何让行动更具驾驭感,我们在前文行为升降位中做了详细的阐述。在此就不再过多探讨了。

3. 利用满足感操控用户的体验结果

控制大脑对行动结果的感知也是将产品和信息深度植入大脑的方法。我们可以对大脑行动结果的满足和得到不同程度的感受,来影响和改变大脑对产品或事物的态度。

大脑如果对行动结果充分体验和得到,就会产生满足感,不能充分得到和体验,大脑会产生期待和渴望。满足感并不是得到越多越满足,而是得到适当的满足才能产生恰到好处的满足感。过度的满足会让人出现乏味和厌恶的感觉,这就好比我们吃第一口甜品时会感觉很好吃,当吃到第三个时候就会感觉腻,甚至是想吐。这说明适当的满足会让用户对其保持持续的好感,过度的满足就会降低用户对其的好感度。

很多商家都采用减量来避免用户的过度满足感。西贝莜面村相比以前的菜量做了调整，使得菜品精致了很多。每份菜在刚吊起人们胃口的时候就吃没了，会大大提升人们对其的渴望。但是，控制菜量的做法并不适合每个商家，要根据商家和品牌所带的情感来决定。比如，东北菜和西北菜给人的感觉是盘大量足，如果端上来的是一盘很袖珍的菜品，会给人一种不实惠、偷工减量的感觉，也会导致用户流失。所以满足感在很大程度上也与事物所带的情感紧密关联在一起。

另外一个控制过度满足的方法就是感觉调节。一些零食之所以采用小包装来分装，一方面是为了保鲜，另一方面就是控制用户一次吃的量——不至于过度满足。还有一些干果的零食在采用小包装的同时，还采用将多种干果混合在一起的包装，比如腰果、蓝莓、巴旦木、枣片等，就是为了避免用户在吃一种食物时产生过度满足感。当用户吃到一个蓝莓时，接下来再吃一粒腰果，这样蓝莓的感觉就会马上得到调节。通过不断转换口感，让每一粒干果的口感都保持新鲜。而不是只提供一种食物，让用户感到被过度满足。调节感觉的操作方式不但会让用户吃得更多，还不至于感到过度满足，是一举两得的策略。

第十三章

操控用户感觉的控点六:
更新植入

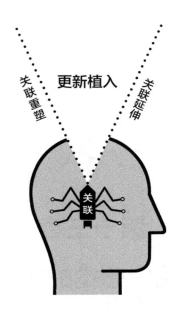

1. 与预期不符

在掌控和实现的意志产生和实施的整个过程中,我们都有可能遭遇一种负面的感觉,比如,失落感、挫败感。这是因为我们在行动之前的大部分行为都发生在大脑里,而唯有行动是直面现实的。而现实是变化和不确定的,它往往不是我们想象的那样。大脑面对挫败和不如意时,会启动更新机制。借助大脑的更新机制来影响用户的感觉,是我们操控用户感觉的第六个控点。

我们所接触的信息,永远是当下有限的信息,并不是全部。当你看到一个戴口罩的女孩,感觉她的眼睛很漂亮的时候,你会习惯性地推理和想象她一定长得也很漂亮。但是,这只是大脑的

第十三章 操控用户感觉的控点六：更新植入

猜测，事实是什么，在她摘下口罩时才能知道。当你近距离与她沟通的时候，你看到的是整容失败的鼻子，还有满脸的痘痘。这就出现了一个新的局面——事实与预期不符，这时大脑会怎么做呢？面对挫败的局面，大脑会启动重新关联机制，重新获得掌控感。

前文中，剑桥大学的神经心理学家沃尔弗拉姆·舒尔茨教授，与同事做了一项实验。先让猴子在看到绿灯亮起后流出果汁，让猴子在绿灯亮起与喝到果汁之间建立关联。当猴子看到绿灯亮起时，大脑就会产生反应——感到愉悦。再后来，当猴子看到绿灯亮起没有果汁流出，它就会很失望，大脑中的多巴胺水平会降低——感到失落。这样的负面感觉会告诉猴子旧的关联模式不再适用了，应该做出调整。失落感会促使猴子积极地寻找获得果汁的新关联。大脑是通过对失败的结果重新关联来重新获得对目标的掌控感的。同样的，大脑也会通过这样的模式来升级和更新大脑中的旧模式，确保大脑中的模式永远是新的。

大脑在更新的过程中，有一个重要的环节就是反思——对失败结果的反思，对超出预期的反思。大脑会通过事后反思来寻找失败的原因。只要大脑能对失败做出解释就等于大脑在失败的现状与实现目标之间建立了新的关联。这样一来，掌控感就又回到了大脑中。找到失败的原因就等于找到了成功的方法，这会重新激起大脑实现的意志。

很多人在玩抓娃娃机时即便总是失败，也仍想再次尝试，原因就是失败和挫败会重新激起大脑掌控的意志。掌控的意志会促使大脑对失败的结果做出解释——找原因，比如，爪子设置偏右了一点、偏下了一点、最后一下不够稳等。大脑做出这样的解释后，会让大脑感觉找到了成功的方法找到了掌控感。比如，大脑解释这次在这个环节只是爪子偏右了一点，那么这就意味着下次在这个环节偏左一点就能成功、就能赢。解释一旦产生，也意味着大脑通过反思产生了成功抓到娃娃的实施方案——偏左一点。这会重新激起大脑实现的意志，于是你又抓了一次。大脑会不断地在反应、反思、调整之间循环，直到实现目标或者放弃目标。

在之前的步骤中，我们更多是通过让信息符合大脑中模式，让大脑把信息带入大脑。唯有在更新的环节，大脑才愿意无条件地接受外在新生事物，这是新生事物进入大脑的绝佳时机。

2. 切断旧关联

信息要想借助大脑重建关联的机会进入大脑，首先要知道大脑什么时候重建关联，那就是现有的关联受到挑战和失效的时候。只要你能够让用户感到大脑中的关联存在问题——是与预期不符的、是错误的、是不稳定的、是不确定的，或者是旧的，就可以扯断大脑中在事物与事物之间建立的关联——让大脑感到一种失控和暴露的感觉。这样一来，大脑就会渴望重新获取关联，也会很轻易地相信你帮它们制造的新关联。这就是关联重塑。关联重塑是指当大脑感觉现有的关联是错误的或者是过时的，大脑会积极地在事物之间建立起新的关联，或者是接纳新的关联，以此来获得掌控感。那么，我们具体该怎么操作呢？

首先是切断大脑已经建立的、稳定的关联。切断大脑关联的方法是指出或者让大脑感受到该关联是老的、旧的、不稳定、不安全、不确定、不先进、不科学的等。

在《成瘾：如何设计让人上瘾的产品、品牌和观念》一书中我曾提到，一个让我印象深刻的男士沐浴露的广告内容大致是这样的：在酒吧，一个英俊的男士，随着音乐穿梭在人群里，但是却招来了大家异样的眼光。原因是他洗澡时用的是男女通用的沐浴露，身上散发着一种女人的味道，就像是穿了一件女士睡衣一样。最后，出现的广告旁白是"你还洗得像个女人吗"，意思是你还和女人用同款的沐浴露吗？你看你全身散发着一股女人味。"你还怎样、你是不是、你总是"等，采用这种类似疑问、反问的表述意味着，商家发现了用户大脑中存在旧的、不适用的关联。这样的表达方式会让大脑瞬间进入紧绷的状态，想要弄清楚"我又踩到什么雷了吗"，轻松切断大脑中的旧有关联。然后通过推出男士专用的沐浴露，来重建关联。这是重建关联最常见的方式。

大脑在感到挫败的时候，会渴望重新建立关联。然而还有一种方法不用等大脑体验到挫败感，更新关联时再创建新的关联，就是直接为用户塑造一个关联，让信息直接超出大脑的掌控范围，这时大脑也会直接接受更好的、更有价值的信息。其方法是直接告诉用户应该怎么做，要怎么做。比如："3岁是孩子语言发展的关键时期，作为妈妈，你不能让孩子错过这一学习英语的好时期，这个年龄一旦过去就再也回不来了。"这样的信息会直接告诉家长，学语言要从孩子3岁就开始，3岁是最佳时期，错过就永远错过了。这是直接给用户提供一个新关联，将学语言与3岁关联起来。还比如："应该多考几个证，否则怎么混职场呢？只能等着被淘汰。"这是将考证与成功的职场关联起来。这些都是直接告诉你应该怎么做、需要怎么做——直接将事物与事物之间存在的关联提供给用户。

匹克品牌曾推出一款跑鞋，新款上市后，网络上出现了不少的差评，不但影响了产品销量，对品牌的美誉度也产生了一定的影响。为了应对该局面，匹克在6个月后推出了一款升级版的跑鞋——根据用户的不满意见改进过的鞋，并且还真诚地把用户差评印在鞋盒上，以此告诉用户是他们创造了这款全新的跑鞋。这一做法引起了社交媒体的关注，为品牌带来了不少的流量。这是借助用户心中已有的关联来直接塑造产品的案例。在其他更新关联的策略中，是商家主动塑造关联，以实现更新的效果。同样的，我们还可以像这款跑鞋一样反向操作，借助用户心中已经建立起来的关联来更新产品。这样一来，用户对产品的认同度也会大大提升。

3. 制造新鲜感

大脑要的不是绝对的新事物，而是新的感觉。更何况在这个世界上要想创造绝对新的事物是难上加难。所以，只要给大脑新的感觉，就会更新大脑中的固有关联，让大脑感觉事物是新鲜的。我们可以借助关联延伸的方法，来满足大脑对新鲜感的需求。关联延伸是指在不改变原有关联的基础上，对现有关联进行延伸，以此来为大脑制造不一样的新鲜感。

小朋友之所以喜欢拼插式玩具，是因为它可以不断地通过重塑来让同样一堆零件与新的事物建立关联，这样就可以在同一个产品中重复获得新鲜感。比如同一堆零件，先拼插一个城堡，这一堆零件就与城堡建立了关联。等小朋友们玩腻了再把它完全拆掉，重新设计一个玩具车，这样一来这堆零件又与小汽车建立了关联。同样一堆零件可以不断地重组创造新的形象，与新的事物建立关联，小朋友们就可以从中不断获得新的感觉。这就是小朋友们爱玩拼插玩具的原因。

奥利奥之所以能在用户的心中保持稳定的地位，是因为它在不断地带给用户新的感觉。奥利奥在保持经典口味不变的情况下，会不断推出一些新奇的口味，比如，生日蛋糕味、冰激凌抹茶味、白桃乌龙味、樱花抹茶味等。这些新口味虽不一定能带来多少销量，但是比销量更重要的是它在拓宽奥利奥在用户心中的关联——让奥利奥不仅仅只与经典口味关联在一起，不断地为奥利奥注入新的元素，给品牌带来了潮流与时尚的新鲜感。除此之外，奥利奥的忠实粉丝还创造出了许多新奇的吃法，比如，奥利奥奶昔、奥利奥蛋糕、油炸奥利奥、奥利奥马卡龙，甚至还有奥利奥焖饭等。这些都是在主体不变的基础上延伸口感和使用方式，来不断地建立新的关联——给用户新的感觉。蒙牛优益C作为活菌类益生菌饮料，在用户的大脑中它总是与吃相关的场景关联在一起。蒙牛希望优益C能进入更多的饮用场景和饮用时机。于是，优益C在短视频平台发起了一个"优益C时间地点大冒险"的活动。用户可以通过扫描饮料瓶身的二维码，直接进入抖音平台参与"大冒险挑战赛"。"大白天，在墙角，抖腿，喝优益C""月圆时，马路牙子上，吃瓜，喝优益C"这些都是来自挑战赛的内容。此次活动通过明星代言人的示范与大量消费者自创内容，成功地把优益C带入到各种想象不到的场景与时间，从而使其走出了吃的范畴。这也是在主题不变的情况下，通过延伸使用场景来更新蒙牛优益C在用户大脑中的固有关联。

另外一种制造新鲜感的方式就是更新换代。很多产品都采用这种方式来刷新产品在用户心中的关联。比如，iPhone手机基本上每年都会推出新款，这是因为用户在一段时间后对使用新手机的新鲜感就会过去。当用户对使用手机的新鲜感变淡，甚至是没感觉时，这部手机现在也就是一部能满足用户使用功能的手机。如果品牌方不更新用户大脑对产品的固有关联，就不能再继续牵制用户，用户就会有流失的风险。手机的更新换代，更多是更新了其中很少部分的技术，大多采用的是原有的技术。有些产品的更新换代甚至换了外形以及名字。但是，这都能更新产品在用户心中的旧关联，将产品最初的新鲜感牵引到一个新的换代产品上来——以这种方式来保持产品的新鲜感。大脑需要对产品和品牌保持新的感觉，而不是要其脱胎换骨。为用户营造新鲜感是品牌方想要自我蜕变时所需的重要能力。

第十四章
调节用户感觉的按钮一：积极投入

1. 不予确定的事物使用户投入更多

意志的多少决定着意志的强弱，也决定着脑虫前行动力的强弱。意志的多少可以通过两个按钮来操控，它们分别是"积极投入"与"中心聚焦"。我们先来看第一个按钮：积极投入。

每个人都有自己的喜好和选择，都知道自己喜欢什么、不喜欢什么。但是，我们真的知道自己为什么会喜欢或者不喜欢一个东西吗？真的知道如何让一个人喜欢上自己吗？又真的知道该如何让用户喜欢上自己的产品吗？这恐怕是大部分人都想知道的事情。这其中很大一部分原因是意志在发挥作用，只要能改变大脑的意志就能改变大脑的喜好。

如果产品、品牌、信息就是现在的样子——不能有效地、大刀阔斧地通过提纯、提鲜、增强对其进行情感优化，是不是就无药可救了呢？也不是这样，我们可以通过对大脑意志的调控来让用户喜欢上产品。我们要记住的是，有意志就会有情感，意志与情感是交错增强的，意志其实就是情感。意志在一件事物上投入了多少，在很大程度上决定了大脑对事物的态度。一些研究发现，当用户需要从几种物件中做出选择时，他们最终会选择在物品上停留时间最长的那一个。换句话说，用户在一件商品中投入的时间越长，就越有可能购买这件商品。关于如何让大脑投入更多的意志在事物和信息上，有三个最基本的方法，我们先来看第一种方法：不予确定。

被大脑盯上的事物，大脑首先是渴望从中获得掌控感——在事物之间建立关联。如果你能采用一些方法不让大脑的这种意志得逞，你就会调动起大脑更多的意志去关注事物。大脑在事物中投入的意志越多，对事物的态度就越强烈。能够激起大脑掌控意志的，是大脑不知道、不清楚的信息。大脑对不了解的、未知的、存疑的、省略的、未完成的、掩盖的、陌生的、神秘的、迷惑的、不确定的信息都会产生掌控的意志。当大脑关注到这样的信息时，大脑掌控的意志会把注意力集中在信息上等待和寻找结果。大脑不喜欢那些悬而未决、不确定的事情。信息越是不确定，大脑就越是会投入更大的力量来对其进行确定，这是一种恶性循环。我们对一件事情投入的关注度越多，就越会看重它和喜欢它。

著名心理学家布卢玛·蔡加尼克在餐厅用餐的时候发现，点餐的服务员对那些没有完成结账的订单有着惊人的记忆能力，他们会精确地记住哪些是没有完成结账的订单。她曾做过一项研究，让被试玩一种拼图，在被试玩的过程中她会突然叫停，告诉一半被试不用做了，而让另一半的被试完成任务。结果发现，没有完成任务的被试更容易记住未完成的任务，而且也非常容易回想起来。而那些完成任务的被试很容易将完成的任务抛之脑后，而且不容易回想起来。人们无法忘掉未完成的任务这种现象被叫作"蔡氏效应"。这是因为未完成的目标会让大脑持续地投入完成的意志，大脑投入的意志越多，事物所带的情感就会越强烈。情感会促进大脑的记忆。

桑德尔和瓦格纳曾做过一个实验。他们让一款香水广告图片在网站中以两种速度来显示。一种是迅速显示出来，另一种是逐渐显示出来。以此来研究对被试大脑的影响。一组被试看到广告快速显示完成后，并在屏幕上持续展示了 20 秒。另一组被试看到的广告用了 18 秒才逐渐显示完成，并在屏幕上只停留了 2 秒。接下来，研究者给被试 3 分钟的时间，让他们自由浏览一个新闻网站。在这个过程中，研究人员记录下了被试的浏览情况，并且监控了被试的皮肤电阻变化。研究数据表明，逐渐显示图像的方式，不仅提高了被试生理上的激活程度，还从行为上促进被试积极地去浏览更多页面。意志本身就是一种生物反应，大脑生物机制反应越强烈证明大脑的意志越是强烈。而广告逐渐显示在被试面前，整个过程是在调动大脑的意志，让大脑投入更多的意志去关注。当大脑的意志被唤醒后，被试带着被唤醒的意志去浏览新闻网站也会大大提升浏览的积极性。这就好比下班时上司夸奖你工作做得好，下班后你去逛超市的时候，可能会买更多东西。因为这个阶段你的大脑还处于意志唤醒的状态，也就是"脑热"的状态——愉悦兴奋的积极状态。这样的状态会促使你产生积极的行为。

很多小朋友喜欢买健达奇趣蛋并不是因为喜欢吃里面的巧克力，而是为了每个奇趣蛋里面的小玩具。小朋友们痴迷购买是因为每个奇趣蛋里面的小玩具都是不确定的，也许是个小恐龙，也许是个小汽车。在小朋友们的大脑只要产生想要一个奇趣蛋的一瞬间，他们大脑的意志就会被唤醒，去猜测奇趣蛋里可能的玩具。这样的不确定性会大大提升他们购买的欲望，这种不确定的状态拖得时间越长，小朋友的意志就越强烈。结果是你很难打消掉他们购买的意志。这其中发挥重要作用的就是不确定性在不断增强大脑的意志，意志的增强让大脑中的脑虫变得活跃——非常渴望确定奇趣蛋与什么小玩具关联在一起。

2. 引发特别关注的事物使用户投入更多

让大脑投入更多的意志来改变大脑对事物态度的第二种方法是：特别关注。对大脑产生特别吸引的信息，大脑就会对其产生特别喜好。得克萨斯大学的神经学教授汤姆·勋伯格指出，如果吸引大脑对特定事物投入特别关注,那么大脑对这件事物的偏好就有可能被改变。

勋伯格和他的同事们曾做过一个实验。他们让被试对60种普通的零食进行标价,然后让被试看一段视频。视频中播放的是这60种零食,在被试观看的视频中,在某些零食出现时会插入一种提示音。看完视频后,研究人员让被试在其中两种零食中选择一种。结果,有三分之二的人都会选择在视频播放时带有提示音的零食。同时,研究者还发现,在看完视频后,研究人员重新让被试对其两种零食中进行标价,比如巧克力和薯片。如果之前巧克力的标价低于薯片,而在视频中巧克力带有提示音,这时巧克力的价格会明显高于薯片。在这次实验,提示音引发的对零食的特别关注逆转了被试对零食的喜好。

在这项实验过去两个月后,研究人员再次找来这些被试,重新对他们进行测试,结果发现,提示音造成的那些偏好依然存在。这也证实了提示音引发的特别关注,对被试造成了长时间的影响。大脑对特别关注的事物投入的意志要多于一般事物,这会让大脑更加喜欢引起自身特别关照的事物。换句话说,大脑很多时候喜欢的并不是事物本身,而是大脑投入在事物中的意志。

看完这个实验,你是不是在想,这样的发现如果可以运用到人际交往和产品销售中就好了。这肯定是可以的。为了达到这样的效果,很多公司把产品设计得特别有创意,或者将包装设计得亮闪闪的,以此来吸引用户的注意力。其实,在电视中强制插入广告,也是要达到强制关注的效果。总之,我们只要在产品中加入简单的干预手段,获取人们投入更多的关注,就有可能改变人们对它的态度。其实,政客们也可以运用特别关注这种技巧。美国前副总统拜登,在发布的一支参加美国总统竞选的广告中,将特朗普喊拜登名字的画面剪辑在一起，使广告出现的效果是，特朗普在不停地喊着：拜登、拜登、拜登……广告的旁白是"特朗普已经清楚认识到，他脑子里总想着拜登，是因为他知道拜登将在宾夕法尼亚州、密歇根州和威斯康星州击败他"。其实，这个广告的目的并不仅仅是要告诉民众拜登在这几个州有优势，而是想通过这种形式，让民众知道特朗普对拜登投入了太多关注，拜登是唯一能对特朗普造成威胁的人。这支广告先是暗示了特朗普对拜登投入了特别的关注，然后引来民众对拜登这个竞选对手的特别关注。这样的广告最大作用就是排他性，通过特朗普不断喊拜登的名字，把民众分散在其他竞选对象的注意力集中到拜登身上，让民众感到拜登才是唯一与特朗普一决高下的人，忽视其他竞选对象。这就是一个借助重复从而使用户产生特别关注的精彩案例。拜登通过这种方式大大提升了个人影响力。

广告创意本身就是为了引来人们的特别关注。好的创意能够引发大脑特别的关注。如果广告没有好的创意，品牌方通过投入更多的钱做广告和营销，也能买来大众的特别关注。比如，不停播放的脑白金广告，也能引发大众的特别关注，从而带动销量。特别的关注才是广告和营销的核心价值。

3. 限制得到的事物使用户投入更多

我们都看过莎士比亚的名剧《罗密欧与朱丽叶》，它描写了罗密欧与朱丽叶的爱情悲剧。在现实社会中，这样的事情也常常发生在我们身边，虽然两个人很相爱，但是家里人不同意，然而家人的干涉不但没有阻止两人之间的相爱，反而使他们变得更加相爱。越是得不到，两个人相爱就越深，这种现象被心理学家称为"罗密欧与朱丽叶效应"。该效应是通过限制得到,增强大脑想要得到的渴望。这就是让大脑投入更多意志,从而改变对事物态度的第三个方法——限制得到。我们每个人都有过越是得不到越是想要得到的时候,比如一个玩具、一部手机、一个喜欢的人。而且我们还都认为是事物本身重要和吸引人,但很多时候我们想要得到是因为我们执着于意志本身,而不是实物。

心理学家的研究还发现,越是难以得到的东西,在人们心目中的价值就越大,对人们越有吸引力;能够轻易得到的东西或者已经得到的东西,其价值吸引力往往会被削弱。在限制得到方面,价格是个很有力的杠杆。价格高一点,会提升用户得到的难度,大大提升其想要得到的意志。比如,苹果手机定价比较高,会让大部分人在购买的时候,都要掂量一下——是不是要买这么贵的手机。由于高价格让人们对产品产生了难以得到的感觉,花钱心痛的感觉。也正是这种不能实现的意志在激励大部分人省吃俭用,甚至透支信用卡也要去得到它。通过价格来限制得到,不仅能增强用户的大脑想要得到的意志,同时也提升了产品的价值。

前文中当我们在谈到如何让行动带上完成感时,提到了商家采用消费3次免费吃1次的促销。但免费吃1次这个目标的战线拉得过长,需要用户消费3次后才能实现。大脑面对免费吃1次目标,会极度渴望完成,但是不让大脑实现完成的意志——限制完成,这样就可以反向牵制大脑——让大脑投入更多意志想要完成这个目标,结果是用户又去消费了3次。这就是在通过提升现实目标的难度或者拉长得到的时间,来限制用户得到,从而提升用户想要得到的意志。

银行的黑卡申请条件设置的门槛很高,让很多人都望尘莫及。这正是通过各种条款和标准来限制用户得到它,以此来体现黑卡的价值。很多人都希望自己能有一张黑卡来彰显自己的身份。但是，限制这种策略也是在符合产品情感的基础上实施的，并不适合一味地限制到底。比如，有些银行的黑卡权益是用户可以在一年之内免费体验全国多少家马术培训机构的多少次马术培训服务，或者是全国多少家五星级酒店游泳馆的多少次免费体验服务。但是，当你想要感受一下黑卡的高端服务时你会发现，你想要预约的体验服务总是无法预约成功，原因是这些项目每天开放的名额少得惊人，只有30多位。这样的卡银行能发放几十万张，甚至是上百万张，每天有几万人去抢30个体验名额，这样的限制瞬间让用户有种在超市排队抢便宜鸡蛋的感觉，根本没有让用户体验到使用高端卡的感觉。

  高端卡已经通过设置高门槛限制用户得到，提升了产品的价值。用户获得黑卡后，商家就应该向用户提供高端的服务，而不是继续采用限制策略，让用户有被欺骗的感觉。所以，限制得到是在有限状态下使用的策略，商家要学会灵活运用，而不是生搬硬套，一切策略要与产品、品牌的情感相一致、相匹配，这样才是最佳解决方案。

  限制得到很多时候是在制造一种心理感觉，让大脑感觉受到了限制。如果给你两盒饼干，一盒里面有2块，另一盒里有12块。你感觉这两盒饼干，哪一盒更好吃呢？这是一项心理研究，结果发现，大部分人会认为数量少的盒子里的饼干更好吃。数量少，一方面让大脑感觉这盒饼干更受欢迎——大家都愿意吃这一盒。另一方面，数量少让大脑感觉到自己的需求受到了限制——不能满足我的需求，从而增强了大脑想要得到的意志。限时抢、限量购等形式都是在试图通过限制得到来增强用户想要得到的意志。

  很多时候，意志还在持续的地方是大脑中的关联还没有建立起来的地方，所以意志还在持续。意志很多时候是服务于关联的。

第十五章

调节用户感觉的按钮二：中心聚焦

1. 聚焦就是屏蔽外界干扰

决定脑虫活力的第二个按钮是中心聚焦。中心聚焦是指通过调节让意志向一个中心点集中。大脑的意志越集中，意志的强度就越大。对意志来说，聚就等于强和多。意志能聚则强。大脑实现目标、完成目标，是通过意志的高度聚焦来实现的。

在第七届世界军人运动会的一场游泳比赛中，哨声还没有响就有人抢跳，结果所有游泳运动员都跳入了水中，接着裁判马上开始吹口哨取消比赛。但是，跳入水中的运动员已经开始不顾一切地向前游，只有一个运动员停了下来。裁判不断吹着哨声，在场的观众也不断喊着让他们停下来，站在泳池对面的裁判也走到池边喊话让他们都停下来。然而，运动员根本听不到他们任何的指令，有的运动员居然在泳池里游完了 200 米。这件事足以证明当我们专注于一件事情的时候，大脑会产生强大的屏蔽作用。大脑意志神奇的地方在于它可以排除外在干扰，让大脑的注意力聚焦在一处。这个焦点越集中，其他信息对大脑的干扰就越小，意志就越是能最大化地发挥威力。这是一个内在目标调动大脑意志聚焦的案例，大脑为了完成内在生成的目标，会调动大脑的意志集中注意力去完成一个目标。

还有一种方式，就是外在信息刺激大脑通过聚焦将注意力完全集中在事物上。比如，你在一个环境嘈杂的商场里闲逛时，听到一首熟悉的歌曲。你会发现当你想要听清楚这首歌的时候，你会听得越来越清楚。而商场里的嘈杂声在你的大脑中仿佛完全消失了，这是外在某种刺激激起了大脑的意志。大脑带着听清楚的意志去听歌时，大脑的意志为我们进行了过滤，所以我们才能在嘈杂的环境中听清楚这首歌。还比如，你会发现当你和朋友在咖啡厅专注于聊天的时候，根本听不见别人在说什么，除非你刻意去听旁边的人在说什么。这都是因为大脑的意志为我们做了屏蔽，而商家所做的所有宣传都是为了刺激大脑产生意志，从而引起大脑的注意和关注。

大脑的意志具有高度调动神经系统的作用，从而让大脑的注意力高度聚焦在一处。意志具有过滤器的功能，能够帮助我们屏蔽干扰和噪音，从而高效实现目标。调节大脑的意志进行聚焦，这其实是让大脑排除其他信息的最好方法，也是提升信息竞争力的最好方法，当然也是一种深度影响用户行为的有效方式。

2. 让大脑关注单一对象能使用户聚焦

让大脑产生聚焦的第一种方式就是只让大脑关注单一的对象。借助大脑的推理功能将信息带入大脑的三原则之一就是简单清晰。简单不仅可以给大脑发挥的空间，简单和单一更容易让大脑进行聚焦。

有一项研究发现，让被试参加一项消费者调查，只让被试思考某一品牌的产品质量，而不让其考虑其他竞争品牌的产品质量，被试们就会对该品牌的好感提升。比如，只让你评价小米9的摄像功能，而不让你评价华为、OPPO、vivo等同类型品牌产品。你就会对小米9的摄像功能产生好感，这样一来也会提升你购买它的可能。这就是聚焦的作用——大脑看到的、关注到的、感知到的就是全部，什么能独占大脑，什么对大脑来说就是事实。这就是为什么别人在给你讲故事或者推销的时候，你很容易在此时此刻相信他们。

这是因为大脑正在聚焦——定点关注，只专注于一处单一的问题。

聚焦容易让大脑从单一的目标中获得鲜明的情感。同时，聚焦也是在切断干扰让大脑更容易建立起一致性和连贯性。所以，聚焦很多时候并不是让大脑只见树木不见森林。恰恰相反，聚焦是要通过单一的目标来塑造整体形象。我们最容易也最常犯的错误是，在有限的空间和时间里想要塞进最多的信息量。比如，在一个广告中什么都想说，在一篇文案中总是想面面俱到，唯恐受众感受不到你要表达的内容。但是这样做反而让受众什么也感受不到，大部分无效的信息都是犯了这样的错误。

聚焦情感鲜明的目标，可以让用户由单一目标的情感推理到整个事物。很多网络平台吸引用户注册的方式是打造出一个标杆形象，比如早期的微博红人、草根达人带动了一批微博活跃用户；微商依靠塑造业绩优良的个人形象，带动更多人加入销售团队；每个短视频平台都有几个人尽皆知的视频播主，他们的人气火爆、月收入惊人。淘宝电商直播平台的火爆，也是通过塑造单一的标杆来激活整个市场的。比如，淘宝重点宣传直播达人李佳琦。通过宣传他每天带货几千万元，月收入几亿元等方式，来塑造这个行业标杆，从而带动一个平台或者产业的崛起。打造这样的标杆形象，都是为了让人们实现单一关注，将从单一对象中获得的情感推演到整个平台和产业——让人们感到这个行业很火爆。

有一年的"双11"期间，京东为了表达对用户的责任感、态度以及温度，传递出"11.11京东在你身边"的品牌主张，采用还原"京东小哥"的真实故事，用快递小哥自己的语言讲述一个个温情故事，让用户真实感受到他们的责任感、态度以及温度。这就是通过聚焦单一的对象来体现京东物流体系的强大竞争力。

除了塑造鲜明的人物形象来带动平台的发展和塑造整体。网络平台还会通过推出代表性的产品吸引用户，优酷平台通过大力宣传《罗辑思维》为优酷聚集了大量的知性用户。还有爱奇艺平台播放的《奇葩说》，搜狐视频平台播放的《法医秦明》等，这些都是通过花巨资重点打造单一产品，让用户聚焦于一处。单一关注让大脑从关注的对象中获得鲜明的情感，比如《罗辑思维》传播的知识性和《奇葩说》传播的新鲜观点等。这种情感会透视到整个平台，让用户认为这个平台产出的都是如此高品质的产品，但其实这些被用户关注到的单一产品都是平台花巨资精心包装出来的产品。单一关注只会给用户提供美好的可能，对大脑来说想不到、看不到、感受不到就等于不存在。这样一来，大脑就可以根据只看到、只关注到的美好的一面，展开一致性和连贯性的想象。

3. 切断干扰能使用户聚焦

在大脑聚焦的过程中不可不避免的是其他信息的干扰。我们可以通过只给大脑提供单一的选项作为关注点。但是，用户在选择产品的时候，都会有一些自己看重的因素。如果你想要用户的大脑聚焦在你为它预先设定的地方，那么，你就要能够切断用户大脑中干扰它聚焦的信息——也就是那些使用户先入为主的信息。

有一些关于汽车、婴儿车等产品的用户调查，统计了消费者在产品外观、舒适性、安全性、质量等方面，更看重哪一点。其实这样的调查并没有什么参考价值。因为大脑看重什么，要看大脑处于什么样的意志状态下。第一，如果大脑处于无意识的情况下，大脑只会看重外观。那些外形好看的，外观有优势的产品会被大脑优先选中。这并不是说大脑在这种情况下不看重产品质量或安全性，而是因为在人们的眼中，外观在很大程度上是与质量和安全等不直观的因素关联在一起的。如果该产品外观好看，大脑会认为其质量和安全性也好，这就是大脑无意识推理的一致性和连贯性在发挥作用。

第二，如果大脑在有意识的情况下做选择，那么，对于外观、舒适性、安全性、质量等各个方面来说，在有意识的决策下没有所谓的绝对重要。用户在有意识的决策下看重什么，完全要看用户的大脑聚焦在哪里。有意识的决策和判断完全采取的是聚焦模式。在有意识的决策模式下，无法聚焦的大脑甚至都无法做出决策和判断。在聚焦一处的情况下，大脑才能说服自己喜欢与不喜欢，也就是说，大脑有意识的决策是通过聚焦来完成的。是否能够聚焦成功就要看你阻断干扰的能力。如果你有高超的聚焦和阻断干扰能力，那么你说什么重要，什么就是重要的，用户会完全听你的。

在你为用户推荐一款车时——这是在有意识的模式下引导用户做决策，一定不要又说外观，又说油耗，还说安全性，甚至说动力等，这样不会产生太好的效果。一定会学会聚焦于一点——只谈一点。不管你聚焦的是哪一点，都要强调这是最重要的。比如，聚焦于外观，你就要告诉用户：车的外观就像一个人拎的包，穿的衣服，代表了一个人的品位，你一定不希望别人看到你的车就认为你是个没有品位的人，而这款车的外观设计绝对能提升你的品位。这就是围绕一点去谈论，告诉用户这一点的重要性。这里最好给用户提供一些用户平时了解不到的信息。比如，你可以拿出一些数据和案例辅助介绍产品。这就是单一聚焦的方式——只让用户看到你想让他们看到的信息。

当然，用户也不会对我们言听计从。他们也许会认为车的安全性能更重要，这时你就要切断这些干扰。阻断干扰有 3 种方式，第 1 种是否定，就是让用户感觉这不重要，没必要等。比如，用户看重车的动力，你可以这样说"这并不重要，因为您大部分时间在城里开车，这款车的动力足够，再好的动力也是摆设。"

第 2 种阻断的方式是降低敏感度。降低敏感度是指肯定和认同用户的观点，然后弱化其敏感度。如果用户看重车的安全性能，你就要对用户说："安全是重要，但汽车已经发展了好几百年了，安全技术早就是非常成熟的技术了，现在基本每辆车的安全性都有保障，品牌与品牌之间的差别并不大。"如果用户看重车的油耗，你就要说："同级别的车，油耗也就上下浮动一两个油，这都可以忽略不计。"这就是在对用户看重的信息脱敏——降低敏感度，将用户看重的信息推向一般化、普通化、大众化的状态——也就是大家都有，很普遍，很成熟，无差别等。总之，我们要借助缩小差别、模糊差距的方式，来降低用户关注点的敏感度。这样一来，重要的就会变得不重要，也就能切断对聚焦的干扰。

第 3 种阻断干扰的方法就是提供可替代方案。当你很想喝可乐的时候，难免会出现一些负面的干扰信息干扰你对可乐的渴望。比如，你会想到喝可乐后碳酸附着在牙齿的表面，那种涩涩的、不舒服的感觉，感觉自己的牙齿正在被腐蚀。这样的干扰信息很容易让你放弃喝可乐的想法。但是为什么想到这些后，我们很多时候并没有放弃喝可乐，而是毫不犹豫地喝了呢？这是因为大脑在受到负面干扰后，为这种干扰信息找到了替代方案。大脑会想到喝完可乐只要漱漱口就会解决这种不舒服的感觉。这样的替代方案解除了这些负面信息对喝可乐的干扰。所以，我们才依然会选择去喝可乐。

第十六章

调节用户感觉的按钮三:对象变焦

1. 人们太在意与自我有关的事物

与意志紧密相关的因素中，除了意志的强弱，还有一个重要的因素，就是意志的目标。意志的目标，决定了脑虫朝什么方向用力。意志的目标有两个操控和调节的按钮，它们分别是"对象变焦"与"目标启动"。我们先来看对象变焦。大脑意志指向的对象有两个，一个是事物本身，另一个是自我。

当你的朋友给了你一块蛋糕，这时，你会带着掌控的意志去品尝蛋糕，想要知道这块蛋糕是什么味道。但是如果你尝了一口，说："不好吃，一点也不甜。"你的朋友说："怎么可能呢？这可是一家很有名的蛋糕坊做的蛋糕，你再尝尝。"接下来你带着这种明确的目标——渴望体验到其中的甜，又尝了一口蛋糕，这时你会努力地去体验其中的甜。在这种情况下，你只要感觉到一丝的甜就会认为这个蛋糕很甜。但这时你感受到的甜不是蛋糕的甜，而是你对甜的渴望本身，你的执念和意志本身。这种意志更多是指向自我的——我是怎样一个人，你在努力证明自己能体验到其中的甜，证明自己是和朋友一样的正常人、有品位的人。这时你对蛋糕从单纯的意志已经转变成自我意志。自我意志是一种人们有体验"我"是怎样一种存在的渴望、欲望和执念，其核心是围绕我是怎样一个个体展开的。自我意志的对象是自我。

自我意志与聚光灯效应有密切的关系。聚光灯效应是人们习惯性地以自我为中心地来看待问题。1999年，心理学教授汤姆·季洛维奇和心理学家肯尼斯·萨维斯基发表了他们的一项研究成果。他们让被试穿上印着明星头像的T恤，走进一个有5个人在内的房间。然后询问被试："你认为有多少人能看到了你穿的这件T恤？"被试认为有一半以上的人看到了自己的 T 恤。接着研究人员又问那房间里的 5 个人，"你是否注意到进来的那个人，身上穿的 T 恤？"其中，只有 1 人看清了 T 恤的图案。研究结果发现，人们太在乎和自己有关的事物，以为别人始终都在关注自己。这种以自我为中心的心理现象叫作聚光灯效应。以自我为中心的心理会导致两种情况，一种情况是让大脑认为自我很重要，另一种情况是让与自我相关的事物也变得重要。比如，实验中的被试认为自己穿的这件印有明星头像的 T 恤很重要；蛋糕的甜与不甜很重要。

在大脑中植入执念，其中一个非常重要的关键点就是自我——让信息与自我相关。可以说，自我的因素是决定现代消费市场的核心力量。现代市场是一个高度精神化的市场，它满足的更多是人们在精神层面和社会层面的需求——情感需求，而不仅仅是人们的生存需求。大脑最大的执念就是自我，执念的特点就是它更多执着于一个念头本身，而不是事实。自我意志（执念）会扭曲人们的真实体验和认知，让大脑屈从于执念，做出不客观、扭曲的判断。朋友的反问——"怎么可能？这是最近有名蛋糕坊的一款蛋糕"，这样的信息会让你怀疑自己——没有品位，连好坏都分不出来。让你失去了自我的良好感觉，非常渴望证明自己是正常的，是和大家一样的。这样一来，本来不甜的蛋糕，在自我意志的驱动下只要感觉到<u>一丝丝</u>的甜，或者感觉不到甜，你也会说甜。所以，你要想扭曲用户大脑的感知并深度激起用户的执念，就要让大脑聚焦的对象由实物本身切换为自我。

2."自我怀疑"能够改变用户的想法

大脑单纯的意志只要被稍加操控就能将意志对象调整为自

我——由单纯的、对事物本身的意志转变为对自我的意志。

前文中我们说到，蒂姆斯·威尔逊和同事们做了一个选海报的实验，他们让被试从两类画中选一幅作为参与实验的奖励，一类是印有世界名画的海报，另一类是印着卡通形象的海报。研究发现，强调要深思熟虑做选择，并且要说出选择的理由的被试，经过一段时间后会不喜欢自己选择的画。这就是通过深思熟虑这一行为，大脑将选择画这个行为与我是怎样的人关联在了一起。也就是这样的强调会让大脑把选画这一行为的目的，由自己单纯的喜欢转变为表达自我。当让你在深思熟虑后去选一张海报的时候，你会想我选了卡通海报，别人会不会感觉我低俗、不成熟、没品位等。一旦你的大脑中有过这样的闪念，你的决策就有了保护自我和表达自我的目的。这样一来，你就很有可能选择放弃自己真正喜欢的卡通海报而选择印有名画的海报，因为这样会显得自己懂艺术，有水平，有眼光。

一旦有目的地强调某一点，但是这一点并不明显，甚至是难以感觉到的，需要投入更多的意志才能感觉到，那么大脑的意志就会由单纯的意志切换到自我意志。我们都知道"农夫山泉有点甜"这样的广告语，其实，大多数人根本喝不出其中的甜。但是，当广告不断地强调"农夫山泉有点甜"这样一种不明显、难以感受的口感时，其实就在试图唤醒用户的自我意志——让用户怀疑自己。用户会在"喝不出来"与商家不断强调"农夫山泉有点甜"之间开始怀疑自己——也许是自己的水平还不够，喝不出其中的甜。大脑为了避免对自我产生负面感受，最终会通过忽视自己的感受来认同产品强调的感受。也就是面对这样的强调，用户会在真实的感受和保护自我之间，选择扭曲自我的感受来保护自我——认为它确实是甜的，或者不再追求事实，默认它与其他的水有区别。

那些在产品、品牌、信息中不断强调的内容，就是在试图启动用户的自我意志，想要借助用户的自我意志来提升产品与自我的关联。因为直观的感受往往是一目了然的，没有什么发挥的空间。一旦让强调的内容与自我相关，那么大脑的发挥空间就会大大增加，从而制造出产品与自我更深刻的关联。

3. "竞争机制"能够改变用户的做法

个体的自我属性很大程度上是由群体的社会属性决定的。看似个体是对个性和独特性的追求，其实都是社会性的。比如，麦当劳曾用过的广告语"我就喜欢"，当整个青少年群体都以"我就喜欢"来展现个体的个性和独特性的时候，他们的独特性还存在吗？而且，这其中的个性和独特性都是相对于某个群体或者某种状态而言的。个体追求个性和独特性的参照点都是社会性的，根本不存在所谓的个性和独特性。其实，商家所有对个性和独特性的标榜都是让用户失去个性和独特性的枷锁，都是试图借助自我意志来让用户变成符合他们需求的样子。标榜个性和独特性其实是在启动大脑的竞争机制，为用户树立一个敌人，或者是抗拒的对象。而品牌和产品为用户假设了一种庇护和自我意志实现的渠道。

在生活中借助导入竞争机制，唤醒大脑追求自我意志的案例比比皆是。比如，幼儿园的小朋友不喜欢喝养乐多，如果这时候老师说："我们来比赛，看看哪个小朋友喝得又快又干净。"这就是在试图通过导入竞争机制来影响孩子们的行为，唤醒孩子们追求自我独特性的意志——我是最好的、我比你们快、我是与众不同的。结果是孩子们喝得又快又开心，这个时候，喝养乐多已经成了孩子们表达自我的工具。

其实，启动竞争机制最主要的方式就是比较。当信息中存在比较的因素时，那么，大脑就会认为机会来了——表达自我的机会来了。国外有一款可以促进人们安全驾驶的 APP，它可以通过定位系统检测车辆的驾驶状况，比如车速、制动、电话使用情况等。驾驶员达到一定标准就可以获得相应的积分，并且可以与亲朋好友进行比较，这一方式很好地提升了驾驶员的安全驾驶行为。这其中获得积分让好友之间进行比较就是在导入竞争机制——看谁的驾驶技术更好。这样的竞争机制能够很好地塑造自我，让人们更愿意文明驾驶。其实，导入任何比较机制都会启动人们的竞争机制，唤醒人们的自我意志——想要和渴望表达自己。

竞争并不只存在与他人的竞争，也存在自我与自我的竞争。启动与自我比较也能唤起自我意志——自我竞争。很多的健身 APP 中都有今天走了多少步的排行榜，这样的排行榜就可以启动用户的竞争意识。这类 APP 不但让用户在与他人竞争，同时也在与自己竞争。APP 每天都在统计当天用户走的步数，可让用户直观地看到自己今天与昨天，以及过去的区别。一旦今天没有昨天走的步数多，用户就会感觉自己颓废了，甚至有一种挫败的感觉。每天统计数据可在很大程度上促使用户做自我比较，提升用户的自我竞争意识。

4."自我标记"能够改变用户的看法

自我标记是自我关联的一种形式。人们通过对事物进行关注、接触、互动，或是拥有，对其产生了一些想法、感受和态度。这些围绕事物，发生在"我"身上的想法、感受和态度，是"我"对事物的标记，所以叫作自我标记。

当人们一旦拥有或者接触过某个物品,那么,大脑对这件物品的意志就会由单纯的意志转变成自我意志。人们对该物品价值的评价和偏好,会比拥有或者接触之前大大提高。芝加哥大学的理查德·塞勒教授把这种心理现象叫作禀赋效应。他和他的同事们,曾经设计了一个很有意思的实验,通过买卖双方对价格的态度来解释"禀赋效应"。他们把实验对象分为三组,第一组是卖方,实验者让他们先得到一个咖啡杯,然后让他们回答,愿意出售杯子的最低价是多少;第二组是买方,他们没有杯子,实验者问他们愿意花多少钱去买一个杯子;第三组是选择者,他们可以选择是要一个杯子还是要一笔钱。当然了,这个杯子和这笔钱有同样的吸引力,而且是免费得到。这三组被试分别给杯子出了价。你能猜出这三组被试给出的价格有什么样的区别吗?

实验的结果是:卖方平均出价 7.12 美元,选择者平均出价 3.12 美元,买方平均出价 2.87 美元。卖方给杯子的定价,大约是选择者和买方定价的两倍。也就是说,人们在不同的状态下,对同一个物品的价值判断并不相等。是什么导致卖方给杯子定出了如此高的价格呢?因为卖方在拥有杯子和与杯子接触的过程中,对杯子的意志转变成了对自我的意志,自我意志扭曲了大脑对杯子的纯粹感知。人们的自我意志存在"正向偏见",会认为自己既好又对,自己的东西比别人的东西好,自己的做法比别人的做法对。正是这样的自我意志让卖方出价过高,而没有接触过和拥有过杯子的买方和选择方,更能客观地为杯子出价。这就好比你用一个一模一样的苹果,与小朋友手里的苹果交换,他们是不会愿意和你交换的。因为他们手中的苹果不再是一个单纯的苹果,其中注入了自我意志。这其中之所以会产生自我意志,是小朋友在接触和拥有苹果的过程中对其做了自我标记，也就是让大脑产生这是"我"的感觉。

另外，只是接触过，而不曾拥有过，为什么也会产生自我标记的效果呢？社会心理学家杰克·布雷姆曾经做过一个实验。他找来一些家庭主妇，让她们对一堆家居用品的喜好进行评价，并且让她们选出自己喜欢的一件。这些家居用品中有咖啡壶和烤面包机等。在选择之前，主妇们普遍认为这些用品都挺好的，说不出哪个更好，哪个更让人满意。接下来，布雷姆告诉主妇们，她们可以将自己选中的东西免费带回家。这样一来，主妇们都非常认真专注地挑选起来。等她们挑选好自己喜欢的东西之后，布雷姆再次让主妇们对家居用品进行评价，对这些用品的喜欢程度进行排序。结果发现，主妇们将被选中的用品排在了最前面，而没有被选中的用品都排在了后面。不像在选择之前，她们认为什么都挺好的。选择之后，她们分出了哪个用品更好，哪个用品比较差。当实验做完之后，布雷姆又告诉她们，不能带走自己选中的物品。结果大家都表现出一副很不情愿的样子，其中一个主妇甚至当场哭了起来。

主妇们之所以出现伤心的局面，最根本的原因就是她们在选择的时候，通过想象将其带入自我的生活情境，与自我发生紧密的关系。想象时大脑会将事物导入情景和自我。如果主妇选中了一个杯子，她会以杯子为主题，在思想里自编自导一个个美好的故事。比如，这个杯子可以在下次家庭聚会上使用，这样会显得我很有档次，或者这个杯子更合适冲咖啡，用它冲一杯咖啡，双手捧着杯子坐在午后的窗前……哦！多么美好的生活。这种活化的过程就是在做自我标记。有些动物用粪便的气味来标记自己的地盘，人类会用自我意志来标记这是不是自己的地盘和物品。而自我意志就是人们在事物与自我之间建立起来的某种关联——信念。

苹果体验店之所以采用巨大的透明玻璃墙，不仅是追求一种现代和时尚的设计风格，而是别有用心的。这样的设计是为了将体验店彻底开放，为没有走进来的路人开放。只要路人从店外走过就知道店内是什么样子，发生着什么。不必非要走进去。另外，从外面可以看见店内人们在与产品互动的样子，可引起人们很想进去看看、想要参与进去的念头。店内一切的设计都是人性化的，在向用户暗示随便进出，随便看随便摸——都是为了向用户展示一种开放的姿态。更重要的是，店内的服务员非常友好，他们不会限制用户拿起或者摆玩任何产品，而且用户可以想玩多久就玩多久。但是当用户需要帮助的时候，他们又会随时出现在用户的身边。

苹果体验店开放设计的核心目的是希望人们能够走进来看一看、体验一下，体验的目的是让用户与产品建立关联。即便用户只是看了看、试了试、摸了摸，并没有购买，但是在用户走进去、拿起产品的一瞬间，一切都变了，用户会深深地被产品所打动。这样近距离的接触会让用户感觉苹果的产品是一流的——用户认定了、感受到它是好东西。这样的接触让产品在用户心中的价值变的更高了。这是因为通过体验和感受，用户的大脑中发生一些变化，是什么变化呢？在用户心里有了好的标准，让用户认识到了什么是好的产品。即便这次不买，这种美好的体验会留在用户的大脑中并成为其追求的目标。用户在体验店待得越久，就会越喜欢其中的产品，也更有可能购买其中的产品。用户待在里面的过程其实就是与自我发生关联的过程、一个唤醒自我意志的过程，在产品中形成自我标记的过程。宜家从不在乎顾客会在店里面待多久，甚至还会给顾客提供免费的咖啡，让顾客愿意待多久就多久，就是为了让顾客在接触宜家的时候形成自我标签——与自我关联起来。前文中我们说到苹果体验店销量高的第一个核心原因中无痛支付，而建立自我关联就是第二个核心原因。

除了拥有、接触产品，参与也会启动大脑的自我意志。一些研究发现，只是让被试参与一些产品、餐厅、酒店等某方面的评估，就能提升被试对其的好感。原因是被试在评价的过程中在这些事物中做了自我标记，让其与自我建立了关联。关于通过参与来启动大脑的自我意志这一点，在《锁脑》这本书中有一章叫"行为优先"，里面也分享了一部分关于参与对大脑自我意志的影响，感兴趣的读者可以延伸阅读下。

第十七章

调节用户感觉的按钮四:目标启动

1. 人们对于那些帮助自己实现目标的事物有无法抑制的好感

大脑最核心的两种关联模式是通过在事物与事物之间建立关联来理解事物，在事物与目标之间建立关联来实现目标。这样看来，目标的设置对大脑的意志起着至关重要的作用。大脑为了实现目标，试图借助一些相关的因素和条件，提升实现和完成目标的能力，也就是目标启动。目标启动是以目标为导向，让意志聚焦的方法。信息一旦与用户的目标相关，用户的意志就会被信息挟持。目标对意志来说是至关重要的。没有目标，意志就等于没有着力点，就无法释放出力量。

大脑中的目标决定了人们感知事物的方式和理解事物的角度——从信息中看到什么、关注什么。也就是唤醒的目标不同，用户从信息中关注的点也不同。格瑞尼·菲茨西蒙斯和她的同事曾经做过一项研究，让被试完成一个语言测试。研究人员先是让被试看一些与成就和优秀，或者是轻松快乐相关的词语，以此来启动被试的不同目标。接下来，让他们从高到低对朋友们的亲密程度进行排序。结果发现，启动了成就目标的被试，会把经常与他们在一起学习的朋友排在最前面。而启动了轻松快乐目标的被试，会将经常聚会的伙伴排在最前面。为什么同样的一群人，启动不同的目标后，对这些朋友的评价便会发生如此大的差异呢？这就是目标改变了大脑对信息的感知。有意识的意志是解决问题的意志，而解决问题的方式是选择性的关注信息中的相关线索，目标不同，大脑对信息关注的线索也会不同。被试针对不同的目标而对不同的人产生好感，是因为这些人有助于被试实现被启动的目标，也就是这些人与目标紧密相关。这个实验说明目标对大脑的牵制是可以被操控的，你想让大脑在信息中看到的内容，可以通过启动大脑中不同的目标来实现。

大脑对目标的渴望会影响或扭曲人们对事物的感知。比如，很多患者不孕不育症的夫妻特别想要一个孩子。这样的目标会让他们相信很多与这个目标相关的事情。比如相信一种传言，领养一个孩子后，妻子就很容易怀孕。这就是生孩子的目标——意志，让他们轻信了那些与目标相关的、不着边际的传言。

大脑对于那些有利于我们实现目标的事物非常痴迷。为了实现目标，大脑会轻信与目标相关的任何事物。目标和需求也会促使大脑积极地与一些不相关、没有明显关系的事物建立关联。这意味着，如果用户不需要你的产品，你可以唤醒用户大脑中的一个目标。当用户大脑中目标生成的时候，就会出现"病急乱投医"的局面。这时你再把目标与产品或者品牌关联在一起，用户就会变得需要。记住，大脑总是对那些能帮助自己实现目标的事物有无法抑制的好感。目标就是大脑意志的起点，可以说有目标就有意志。用户对目标的欲望越强，意志也会越强烈。

因为意志具有排他性，所以目标也具有排他性，我们很容易对目标之外的事物无感。在我们接触过的购物平台中，页面内容设置都存在很大的问题，这是导致平台转化率不高的一个重要原因。比如，当你打开一款APP，页面中推荐的一款衣服吸引了你。可当你点开图片后，却发现根本就找不到这款产品。后来我们才明白，平台是将那张图作为入口，把用户引进一个信息量更大的页面，让用户看到更多的推荐产品。但其实这样操作的结果是用户根本就不会对页面呈现的信息感兴趣。这是为什么呢？因为在用户被那款产品吸引，去点击它的那一刻，用户大脑中的某个目标已经被唤醒了——意志产生。当用户带着这个目标去打开一个页面时,如果找不到这个产品,此时没有完成的目标只能增强用户对完成目标的意志。在这种强烈的意志下,用户看似在浏览页面,实质是在寻找目标产品,这使得页面所呈现的信息大大降低了吸引力,因为用户大脑中的目标具有排他性。导致你认为给用户提供了更多选择,但是用户早以"心有所属",会残酷地无视你的"示好"。我们需要有一种意识,当用户大脑中有一个目标被唤醒时,试图往用户的大脑中塞进更多目标,是不太可能会成功的。这就是平台展示了琳琅满目的产品,但是转化率不高的原因之一。

2. 启动方法一:与用户大脑中既有的目标建立关联

要想让产品与用户建立关系,最有效的方法就是让产品与用户大脑中的目标关联起来。大脑中有两种目标:一种是既有的目标——大脑中已经产生目标;另一种是大脑中本来没有的目标,通过一些手段唤醒的目标。我们先来分析如何让产品与大脑中既有的目标关联起来。

每个人的大脑中都在不停地产生目标,但是这些目标飘忽不定。产品要想与这些目标关联起来,我们首先要知道在什么情况下可以捕捉到这些目标,弄明白用户的目标与什么紧密地联系在一起,答案是场景。当用户的目标产生后,用户紧接着需要进入一些场景来实现目标。比如,当用户想要吃饭就要走进餐厅,想要看电影就要走进电影院,想要购物就要走进超市或者上网和打开手机等。也就是说,用户进入不同的场景会带着不同的目标。与用户目标关联起来最高效的方法就是围绕场景来设计关联,当用户进入场景的时候，你已经与用户的目标关联起来了。

在国外有很多洗衣房。用户进入这样的场景基本都带着明确的目标——洗衣服。很多洗涤剂商家会选择在这样的场景中播放广告，这就是将产品与用户目标关联的绝佳方式。江小白能够成功的其中一个原因就是其地推做得非常到位，大小社区中的大小餐厅，基本上都能将江小白的海报、标示贴在门上和店内，因为江小白知道离用户目标最近的地方才是它们真正的战场，而每个餐厅和饭馆就是离用户目标最近的地方——吃饭和喝酒关联在一起。如果它们没有进行大面积的强地面推广，即便其包装设计得再有个性，产品再好，都不太可能成功。用同样方法成功的品牌，还有 e 代驾——一个专门提供代驾的平台。它们把印有代驾电话和广告的牙签盒和餐纸盒，放在了大部分餐厅的餐桌上。因为这是与用户目标最近的地方，吃饭容易喝酒，喝酒就会有喝多的时候。这就做到了当用户的目标产生的时候，你已经出现他们面前了。这就是与目标出现的场景发生关联的效果。

国外有一个运动饮料品牌，为慢跑锻炼者设立了饮品供应点，让他们可以在运动途中随时获得水分补给。运动者可以提前通过手机应用程序订购一瓶饮料，在他们需要喝水的时候，可以直接从饮料供应点拿走瓶装水，而不需要过多停留。这就是一种让饮料与用户跑步的目标关联起来的方法。在北京奥林匹克森林公园里，有一条长 10 公里的红色跑道，它就是特步跑道。这条跑道上每间隔一定距离，就会有一个醒目的特步标识，每一个来此锻炼或者游园的人都能反复注意到。特步不仅冠名了跑道，还在跑道沿途设置了特步跑者服务站，为锻炼者提供临时休息处和补水服务。这些也是与用户目标相关的场景建立关联，从而让产品与用户关联起来的方法。

如今，借助大数据与用户即刻发生的目标建立关联，是更加高效精准进行产品推广的方法之一。比如，用户在平台搜索的时候，是带有明确目标的。这时如果你的产品能与搜索目标建立关联，用户选择购买的可能性就会大大提升。比如，用户在京东图书频道搜索"品牌或者产品"，《成瘾：如何设计让人上瘾的产品、品牌和观念》这本书就有可能出现在搜索结果中。因为这本书的名字中有与品牌和产品相关的关键词。让这本书出现在搜索的结果中，这本书就会与用户的目标建立关联。这时，用户为了实现自己的目标就很有可能购买这本书。还比如，出现在相关产品的页面，也是试图让产品与用户的目标关联起来的方法。提升与现有用户目标的关联度，在设计产品的时候就要重视起来。比如，在设计书名的时候，如何将书名与用户搜索量较大的关键词关联起来，就是与用户的目标关联起来的方法之一。

商家要想让产品与用户的目标关联起来，可以采用将产品标签化的方法。用户在带着某种目标主动寻找产品的时候，产品的标签能够高效地与用户的目标关联在一起。当你带着一个绿色无公害的目标去选择产品的时候，在众多纷繁复杂的信息中，用户更容易关注标有"非转基因、物理压榨、纯手工、食品级"等标签的产品。标签化是产品与用户的目标建立关联比较有效的一种方法。这就像用户带着目标寻找产品时候，产品的标签好像在挥着手说"我在这里"。产品设计中的很多环节都是在试图高效地与用户的目标建立关联，比如，产品分类也是试图与用户的目标关联起来的一种方法。

还有一种与用户的目标关联在一起的方法是，与用户关注的热点关联起来。麦当劳作为深受中国年轻人喜爱的西式快餐，经常会针对本地特色或时事热点开展营销和宣传活动。在宫廷剧火爆的时候，麦当劳以戏说古代中国宫廷生活的中国元素作为创意，推出三条宫廷风的主题视频，并且在微博及线下实体店发起"宣您用膳"的互动，很好地利用年轻人注意力的焦点促进了销售。我们必须要明白的一点是，推广的核心是要与用户的目标建立关联，用户目标产生的地方才是产品和品牌的主战场。

3. 启动方法二：主动唤醒用户的目标并与之建立关联

除了与用户大脑中已有的目标关联起来，还有一种与用户目标关联的方式，就是主动唤醒用户大脑中的一个目标，同时与其建立关联。

荷兰的心理学家艾斯特·帕克斯和他的同事曾在食品超市做过一个实验。当那些身材肥胖的购物者进店的时候，研究人员会给他们发一份食谱传单。一部分购物者收到的传单中包含了一些关于节食和健康饮食的词语，而另一部分购物者领到的传单中并不包含这样的词。研究人员在购物者购物完成后查看他们的购物小票时发现，领到有健康饮食启动词传单的顾客比没有健康提示的顾客购买的零食明显要少。即便很多顾客根本不记得传单中说了什么内容，这种效果也是存在的，这就是目标启动的作用。当顾客看到传单上那些关于节食和健康饮食的提示词时，顾客就会启动减肥节食的目标，减肥的目标让顾客不再购买那些容易肥胖的零食。这就是通过启动与减肥的目标，从而影响被试对与肥胖相关的食物的态度，从而改变了购物者的消费行为。

不单单是词语可以启动大脑中的目标，包括图片、行为等，一切带感的信息都能启动大脑中的目标。肯德基的汉堡图片色彩饱满鲜亮，让你一看到就很想吃；模特穿着漂亮时尚的衣服，让你一看到就很想买；你看到健身房宣传单上模特的马甲线，就会想办张健身卡等，都是因为这些信息带感，唤醒了大脑中的目标。

唤醒用户的目标，是一种积极主动操控用户需求的策略。这其中包括三个步骤。

第一，明确产品是与用户的什么目标关联在一起。比如，漂亮的衣服与漂亮的自己关联在一起。那么，你的目标就是要唤醒用户变漂亮。

第二，借助什么形式来唤醒用户目标，是文案、图片，又或者是行为等。不管是哪种形式，都可以从三个方面入手。第一方面，产品自身；第二方面，使用者；第三方面，第三者——旁观者。展现一件衣服的细节或者独特的设计风格，就是通过产品自身来让产品带感。模特穿着漂亮的衣服，走路带风，自信满满，这是借助使用者的行为来让产品带感。模特穿着这样的衣服走在路上，路人投来羡慕的眼神，这是借助旁观者的行为来让产品带感。这都是唤醒用户目标的方式。用户看到这样的情景，变美的目标就会启动。

第三，产品就是解决方案。当信息能够唤醒用户的目标时，信息中的产品就已经成为解决方案。当然，你还可以借助前文中建立绝对化关联的原则对信息进行进一步的优化，让产品与目标绝对地关联在一起。

我们一定要记住一点，人们没有不需要的产品，只有没有被唤醒的意志（目标）。如果你唤醒了用户大脑中的目标，用户对产品不但会需要，而且对产品的负面评价和态度都会被扭转。大脑的思维是以目标为导向的——先有目标，然后再确定怎么想，想什么。用户对产品没有需求，大部分原因是目标设定的问题，而不是产品的问题。

第三部分
路径牵引
让用户感觉精准到达的路径设计

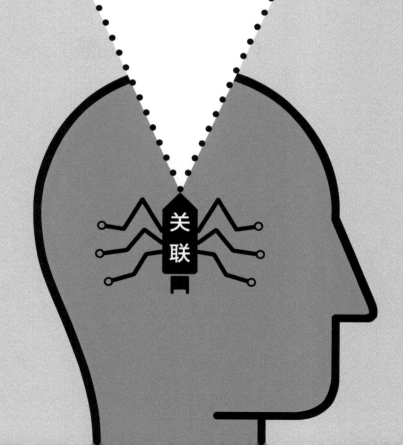

第十八章
什么是牵引情感

1. 用户的情感可以被任意牵引

人的行为可以通过操控关联将情感进行牵引。制造关联其实是一种情感牵引的过程，将一种情感牵引到并不带有这种情感的事物上，从而使其与某些并不相关的事物建立关联。要想知道关联是如何建立起来的，情感是如何被牵引的，我们就需要深入研究情感关联的另一个重要的因素——关联路径。比如，你喜欢喝咖啡是因为它能提神，让你精神饱满。咖啡与提神是通过功能路径关联在一起的。但是，事物很多时候关联在一起，关联路径并不是单一的，而是多样的，这才使得大脑中的关联变得复杂。

心理学家做过一项研究，把果汁倒进一个爬过蟑螂的纸杯，放进冰箱里。然后，拿一个一模一样的新纸杯倒进果汁给被试喝。结果发现，很多被试都不会喝。大脑将蟑螂与蟑螂没有关系的杯子关联起来，是通过多条路径的牵引才将对蟑螂的情感牵引到杯子上的。首先，在人们的大脑中，蟑螂带着负面的情感，因为它总是在厕所、厨房那些阴暗潮湿的地方到处爬，很容易携带各种病菌。大脑就这样通过因果路径将蟑螂与病菌关联在了一起。其次，让蟑螂在杯子上爬。这是借助接触路径将蟑螂与杯子关联在了一起。然后，拿同样的杯子盛果汁给被试喝，被试不愿意喝，这是由于大脑又通过形象路径将对蟑螂爬过的杯子的情感，牵引到了蟑螂没有爬过的杯子上。大脑通过三次不同路径的周转——因果路径、接触路径、形象路径，最终才将蟑螂带有的负面情感牵引到了与蟑螂根本没有关系的杯子上。

这里又面临着一个问题：大脑的关联能力这么强，是不是大脑可以在任何事物之间建立关联，实现情感的牵引呢？或者说，任意关联是否存在呢？这是非常好的问题，也是直击根本的问题。

心理学家约翰·加西亚曾做过一项实验，以此来研究是否像巴普洛夫说的那样——条件反射具有任意性，也就是动物能够通过学习对任意刺激建立关联。比如，铃声与食物、闪光与食物等。加西亚在实验中对老鼠施加了几种不同的配对刺激。比如，先给予噪音、闪电或者甜水三种刺激的其中一个，随后，老鼠又受到电击或者胃痛的刺激。通过研究发现，老鼠容易将噪音与电击，闪光与电击，甜水与胃痛关联起来。但是老鼠无法在噪音、闪光与胃痛，甜水与电击之间建立关联。

之所以会出现这样的现象，是因为闪光与电击之间，甜水与胃痛之间存在比较明显的因果关系。而闪光与胃痛，甜水与电击之间，在老鼠看来并不存在因果关系。这项研究发现，老鼠可以通过学习倾向于获得具有因果关系的关联，而无法学会任意建立关联。约翰·加西亚认为因果关系才是建立关联的有效方式，而不是任意的联系。

真的像约翰·加西亚发现的这样吗？我想说的是，老鼠也许是这样的，但是人类可不是这样的。因为人类有发达的大脑及强大的自我意志。其实，人类更容易产生任意关联。在新冠肺炎疫情期间，一些国家发生了一些谜一样的行为——抢手纸。疫情期间，人们囤食物、水、口罩、消毒液，这都是与疫情存在明显因果关系的事物。因为疫情期间可能会封城，在家隔离，储备食物、水及保障生活所需的其他物品，储备口罩和消毒液是为了避免外出感染病菌。人们能在这些事物之间建立起明确的因果关联。但是，疫情和手纸之间存在什么关系呢？

我们试着来看看大脑是如何在疫情与抢手纸之间建立关联的。

首先，手纸的体积比较大，一个货柜上只能放下十几包。只要有一些人拿走几包，就会产生视觉上少了的效果。另外，如果一个人的购物车里放了一包手纸别人会直观地看到。反而是那些小件的商品，不会产生较大的视觉冲击力，放在购物车里别人也注意不到。这是借助形象路径，将大与明显变少之间建立了关联。顾客看见超市里有一处地方的产品明显变少或者明显空缺，就会通过因果路径将少与抢手、短缺建立了因果关联。同样的，当逛超市的其他顾客无意间注意到别人的购物车里有一大包扎眼的手纸，大脑会将此情此景（在疫情下来超市囤货的需求和目标关联在一起）记录下来，并告诉顾客在疫情下自己也需要手纸。大脑经过百转千回终于将疫情与手纸关联在了一起。这其中既有通过形象路径也有因果路径，还有行为路径。

其实，只要能给大脑一个充足的理由，大脑就能够在任何事物之间建立起关联。国外有一个组织每年都会举办一场为自由裸奔的慈善活动。参与者须只戴头盔穿着鞋子，全身赤裸的奔跑，获胜者可获得一定奖励。一般裸跑这种情况只有极少数人能接受，但是该活动每年都能有几十人前来参加。有的人为的是获胜后的奖励，有的人是为了慈善，还有的人是为了放飞自我。不管是为了奖励、慈善还是自由，他们总能找到一个与裸跑关联起来的理由，这就是大脑任意关联的体现。

大脑可以建立任意关联，离不开脑虫这种不屈不挠的精神。这其中决定脑虫从一点经过复杂的路径爬到另一点的就是感觉。有感觉就有意志，有意志大脑才会不停地产生关联和制造关联。在意志的驱动下，脑虫会自动经过多条路径到达另一点。蟑螂带有强烈的负面情感，让人感到恶心和厌恶，从而感激活了大脑回避的意志，这种意志让本没有爬过蟑螂的杯子被感染——带上了负面的情感。在疫情状态下，人们本身就处于恐慌的状态，恐慌感唤醒了人们躲避危险的意志。大脑在意志的驱动下会轻易在一些状态和行为之间建立关联。如果需要的话，大脑会将疫情与各种产品之间建立关联，比如洗发水、糖、酒等。关联的目的是为了逃避某种负面的感觉，或者是获得和持续某种正面的感觉。关联是服务于意志的，脑虫是在被感觉牵着鼻子走，没有感觉脑虫会寸步难行。人类的大脑建立关联的目的是为了感觉，而不是事实。

2. 同时出现和前后出现的事物，情感可以相互传染

情感产生牵引的方式有两种，分别是前后出现和同时出现。

同时出现或者同时发生是指不同的事物或元素同时出现或者发生，彼此所带的情感就会相互传染。包括两个或多个元素同时出现在同一个句子中，同一个平面广告中，同一个画面里，同一个界面，同一个人身上，同一个情景，同一个产品中等。只要能够同时出现在一起，彼此之间所带的情感就有可能互相传染。我之所以说是有可能而不是绝对可以相互传染，是因为表达方式对情感传递起着重要的作用。

只要把两件事物简单地放在一起，大脑就会无意识地在两者之间进行关联，让彼此所带的情感相互传染。美国前总统布什在参加竞选时的竞选广告，把老鼠的形象和戈尔的执政计划放在一起呈现，就是为了让人们在这两者之间建立关联，从而对戈尔的执政计划产生负面的感觉。

还有，当被试在看漫画的时候，咬着笔，会让被试感觉漫画很好看。这是两种行为同时发生时，事物之间所带的情感就会彼此牵引。

两个事物同时存在或发生在一件事物中，这两者之间所带的情感会进行彼此传染。比如，星巴克的猫爪杯，杯子和猫爪同时存在在一个事物上，这两者的情感就会彼此牵引。所以人们会感觉猫爪杯很可爱。

其实，大部分人将事物与事物放在一起会发生情感传染这件事情运用得炉火纯青。很多人为了把正面的情感牵引到自己身上来，积极地与名人拍照，坐在豪车里拍照，拎着名牌包拍照以及在五星级高档酒店拍照等，因为这是最简单也是最有效地彰显自己身份和地位的方式。

前后出现的事物，情感也会在彼此间牵引。心理学家曾经做过一项关于自由联想的研究。他们让被试先看一组单词，让他们记住所看过的单词。接下来，研究者向被试呈现第二组单词。让他们在听到单词的时候说出联想到的单词。结果发现，当被试听到"公路、动物、木材"这些单词后，呈现他们脑海中的单词更多是上一组单词中的单词，如"停止、蝴蝶、粗糙"。这就是前后出现的信息，会互相传染的结果，也是大脑寻求一致性的意志在发挥着作用。当我们听到动物这个词的时候，大脑会在刚接触的单词中寻求与其有同样属性的事物，比如蝴蝶。大脑习惯在前后出现的事物中寻求关联性，所以，让两件事物前后出现，大脑就会努力在彼此之间寻求和建立关联。当你在一支广告中看到一张皮肤细腻的脸，接着出现一款化妆品的画面，人们就会认为皮肤细腻的脸是使用化妆品的结果——在两者之间建立因果关联。

带感的牵引路径

关联是围绕感觉双向展开的。首先，大脑将产品与美好的事物关联起来，你才感到了美好。你之所以会感觉苹果手机很有现代感和时尚感，是因为它与带着现代感的因素或事物关联在了一起。比如，超薄、有质感的金属外壳、好看的颜色等。其次，你感受到现代感和时尚感时，这种感觉会促使大脑围绕自我去进一步关联。你会想拿着它拍摄生活日常一定很酷或者自己拿着它一定很有范儿。我们在事物之间制造关联是为了激活某种感觉，而激活这种感觉是为了让其启动大脑的自我关联，毕竟只有当大脑主动去制造关联的时候，才能将产品、品牌、信息带入大脑。

我们做的大部分工作都是为了启动感觉，而这需要我们通过在事物之间制造关联来实现。首先，确定自己要制造什么感觉，给人们什么样的感觉。比如，我们要在产品、品牌、信息中为用户制造安全感。明确了安全感就是我们要制造的感觉。其次，就是我们要知道有哪些事物、行为、感觉，或者是心理状态与安全感关联在一起。

与安全感关联在一起的人和物有床、家、毛绒玩具、爱人、妈妈、宠物等；

与安全感关联在一起的行为有拥抱、抚摸、靠近、重复等；

与安全感关联在一起的感觉有温暖、快乐、愉快、轻松等。

接下来，确定目标对象和选材。确定目标对象是指我们要让谁从信息中体验到安全感。是男性还是女性，如果是女性，是少女还是职业女性，或者是家庭主妇等。目标对象决定了她们对什么事物会敏感，如果是少女，毛绒玩具更能带给她们安全感；如果是儿童，妈妈更能带给她们安全感；如果是职场女性，恋人和工作更能带给她们安全感；如果是家庭主妇，家更能带给她们安全感。确定目标对象后也意味着我们决定了选择什么素材来打造安全感。

最后，确定载体和表达方式，也就是设计情感牵引的路径。载体是指让什么承载安全感，在什么中表达安全感。是要设计广告文案，还是设计一幅平面广告，或者是要设计一款产品等，这决定了我们该如何去表达安全感。

假如通过以上的过程，确定了我们要设计的是一幅关于职场女性减肥茶的平面广告，而这个广告是为了打消受众对减肥茶的负面心理——减肥茶有副作用不安全，我们想要在广告中表现出这是一款安全健康的减肥茶。我们可以选择职场女性最常接触和吃的东西入手，比如，大部分职场女性每天必喝的咖啡。因为她们每天喝，对咖啡十分熟悉，对大脑来说最熟悉的事物就是最安全的。为了表达产品的安全性，我们可以将咖啡这种在职场女性心中既安全又健康还很有品位的饮品与陌生的、存在一些负面作用的新款减肥茶关联在一起。这样一来，我们就可以将女性对咖啡的安全感牵引到减肥茶中来。

确定了从什么事物上牵引安全感后，接下来就是表达的问题了。文案怎么写，照片怎么拍，版面怎么排，颜色怎么搭配等，都决定着我们是否能有效地将职业女性对咖啡的安全感牵引到减肥茶上来。这其中需要具备文案和平面设计，甚至是摄影能力为专业人士来操作。可以确定的是，只有你知道你想要的是什么感觉，要表达什么感觉。你才能知道摆在你面前的文案、设计稿是不是你想要的，或者是不是给了你想要的感觉。抓住感觉这个核心的原则，你才真正具备了一个高级营销总监、设计总监、品牌总监的能力。

我们来总结一下，带感的情感牵引路径有三个环节，一是确定要启动的感觉；二是确定目标对象和选材；三是根据载体设计表达方式。

当女性群体从广告的信息中感受到了安全感的时候，她们才更可能积极主动与自我关联起来，比如，想象自己健康的、没有任何顾虑的、变瘦的样子。大脑只有围绕信息产生自我关联，才算真正把信息植入到了用户的大脑中。当然，这其中最重要的还是有效表达，有效牵引情感的问题。接下来我们将和大家分享 6 种最常见的情感牵引路径的设计方法。

第十九章
随心所欲设计牵引情感的路径

1. 功能路径：扩延式的情感牵引路径

功能路径是一种扩延式的情感牵引路径。这种路径借助对产品功能的延伸，将各种情感牵引到产品和品牌中来，从而改变用户对产品的态度，或延展用户对产品的认知。

在我女儿小的时候每次喝牛奶，我都是拿她吃饭的小碗盛牛奶，她总是喝到一半就想放弃。为了让她把牛奶喝完，有一次，我直接换了一个她特别喜欢用的玻璃杯来盛牛奶，结果她很痛快地就把牛奶喝完了。这是为什么呢？因为她不喜欢喝牛奶，用碗盛会让她联想到吃饭，很多时候她喝奶是在她吃饱饭或玩的时候。联想到吃饭会让她感觉需要花时间坐下来，会耽误自己玩的时间，所以很反感喝奶。而用喝水的杯子，会让她联想到喝水的感觉，一两口就能喝完，不影响自己玩。加上她很喜欢那个精致的玻璃杯，带着用杯子喝水的感觉喝奶，要比带着用碗吃饭的感觉喝奶容易得多。这就是让牛奶与杯子建立新的关联，改变了她对牛奶的感觉。也就是利用功能路径对情感进行牵引对大脑造成的影响。

牛奶在美国的销量曾经很不好，虽然牛奶商都在卖力宣传喝牛奶有利于健康，但是大家仍不买账，尤其是年轻人和孩子。后来经过调查发现，年轻人认为喝牛奶一点儿也不酷，喝碳酸饮料才是他们应该做的事。为了改变现状，一个牛奶品牌拍摄了一组广告，他们请来了贝克汉姆等外形酷帅的明星，让他们在广告中嘴唇挂上浓浓的牛奶，再摆出帅气靓丽的造型。这组广告一出，在年轻人心目中喝牛奶一下就变成了特别酷的事情。

年轻人最初不愿意喝牛奶，最根本的原因是牛奶在大多数人的心中与用餐和充饥关联在一起，一喝牛奶就意味着你又在吃东西充饥。所以，要想改变年轻人不爱喝牛奶的习惯，就要解除它与充饥功能的关联。当明星们不只是在餐桌前喝牛奶的时候，就打破了只有充饥才能喝牛奶的关联，重塑了牛奶的关联。

大脑对事物是有思维定式的。要想突破人们对事物的态度和喜好就要打破大脑对事物原有的思维定式。比如，在人们的大脑中，辣椒酱是用来拌凉菜，放在饭里调味的。老干妈之所以销量如此之大，其中一个原因就是老干妈拓宽了辣椒酱的功能，让很多餐厅的厨师不再自己用辣椒制作辣椒油和辣椒酱，而是直接把老干妈作为一种烹饪时的主要调味料。老干妈功能的拓宽，大大提升了老干妈的销量，一个饭店的厨房有时一天就要用十几瓶。这就是通过功能路径改变老干妈的功能，激活了一个巨大的市场。

在我们最初对咖啡馆的印象中，咖啡馆就是买咖啡和喝咖啡的地方，这大大局限了咖啡馆的价值。如果消费者只是买杯咖啡就走，或者是喝完咖啡就走，咖啡馆除此之外没有了别的功能。这样的话，消费者愿意为一杯咖啡出的钱是非常有限的。星巴克在发展的初期就感受到咖啡馆的单一功能局限了品牌的发展，所以便提出了"第三空间"的概念，以此来拓宽咖啡馆的功能——社交功能。"第三空间"是社会学教授雷·奥登伯格首次提出的。他认为，人们需要有非正式的活动场所，人们在那里可以把家庭和工作的压力抛在一边，暂时不去想家庭和工作中的琐事，人们可以在那里放松下来聚会和聊天。德国的啤酒花园、英格兰的酒吧、法国的咖啡吧，都为人们的生活开启了这样的休闲空间。星巴克通过功能路径将社交功能牵引到品牌上来，才实现了品牌的高溢价。

现如今，星巴克的功能已经不再局限于喝咖啡和社交了，还可以是一种工作场所。如果留心的话，你会发现在商业区附近的星巴克店里,桌子的设计和摆放是多样的。大一点的店里会摆放一种与办公室会议桌相似的大长方形桌子,这些桌子是为那些想在这里办公的顾客准备的。如果你常去这样的店会发现,有很多顾客围着桌子坐着,面前放着自己的笔记本电脑,各自忙着工作。当然也有很多人将自己打扮一番,只为来星巴克买杯咖啡,拍张照片发微博或微信。所以星巴克早就不是只有卖咖啡、喝咖啡功能的品牌,那些所有的大众消费品牌,基本上都是通过功能路径对品牌进行延展,才使得品牌实现了高溢价。比如,麦当劳、肯德基并不只有吃汉堡和吃炸鸡的功能,更多还有家人之间、朋友之间传递爱和欢乐的功能。

小到一个产品,大到一个品牌都可以通过功能路径将不同的情感牵引其中,来改变产品或品牌所带的情感。

2. 形象路径:最直观的情感牵引路径

形象路径是最直观的情感牵引路径。形象路径是将那些带有鲜明情感的事物的形象运用到产品与品牌中来,以此让其带上某种情感。这样的路径可以让用户非常直观地感受到产品所带的情感。俗话说"一朝被蛇咬,十年怕井绳",就是因为井绳的形象与蛇的形状相似,大脑把对蛇的情感牵引到了井绳上来,改变了人们对井绳的情感,让人们看到井绳也会感到害怕。

在情感的牵引中,人们很善于借助动物或者植物的外在形象来达到目的。1933年,德国的波尔舍博士设计了一款外形类似甲壳虫的汽车,其可爱吸睛的外形让很多用户都爱不释手。甲壳虫汽车就是将甲壳虫可爱的外在形象运用到汽车中来,将汽车与甲壳虫的小巧可爱关联起来，才成就了大众汽车史上的经典之作。与动物形象进行关联来提升产品情感的还有一个典型的案例，就是星巴克的猫爪杯。将猫爪与杯子关联在一起，成功地将猫的可爱情感牵引到杯子上。

另外，很多公司喜欢用动物或植物的形象设计公司的吉祥物或者商标，这些就是试图将动物或者植物所带的鲜明情感牵引到产品、品牌上来，以此来向用户传达某种情感，比如京东用狗，天猫用猫，苏宁易购用狮子、星巴克用美人鱼等。这样一来，用户就能够更加生动形象地理解品牌和产品了。

借助外在形象牵引情感，并不局限于选择动物或者植物，我们也可以根据产品所要表达的情感，来灵活选择所要借用情感的事物。欧莱雅推出的一款清爽去油型的男性护肤品，为了让用户在第一眼看到产品的时候就有一种清爽的感觉，采用了形象路径来牵引这种情感。什么事物带有这样的情感呢？海水是其中之一。于是品牌将产品外包装设计成了蓝色，把产品的瓶子也设计成了半透明的淡蓝色，让用户看到产品的第一眼就感觉很清爽。同时欧莱雅还把乳液也设计成了浅浅的淡蓝色。当用户把乳液倒在手上的时候，会感觉到它是一汪清澈纯净的海水。乳液的颜色和功能在很多时候是没有任何关系的，之所以要添加蓝色这一元素，就是为了提升产品的清透和清爽感。如果将产品设计成纯粹的透明色和乳白色，是不会给人那种清透的感觉的，这就是借助形象路径来提升产品某种感觉的方法。

颜色带有鲜明的情感，很多产品和品牌也在牵引颜色所带的情感。葡萄牙的瑞诺亚公司在2005年推出了一系列高端彩色的卫生纸。给一卷普通的厕纸加点颜色，就使得厕纸的销量翻了一番。在它们看来，生活应该是五彩缤纷的，于是它们就把餐纸、厕纸、卫生纸、化妆棉设计成五颜六色的,通过将颜色与普通平淡的卫生纸关联起来,成功地将颜色所带的五彩斑斓的情感牵引到了卫生纸上。

查尔斯·斯彭思教授进行了一系列这样的研究,发现颜色对味觉存在明显的影响。他通过实验发现,用白色杯子喝咖啡,要比用玻璃杯喝咖啡,甜度感觉低三分之一。用白色杯子喝咖啡时,被试感觉咖啡的味道更浓烈。另外,他让被试吃红色碗里的咸味爆米花,被试会感觉它是甜的。这就是盛放食物的容器的颜色所带的情感被牵引到了食物中来,改变了被试对食物的感觉。我们也可以借助这样的情感牵引路径,来调整产品包装的颜色,从而影响人们对食物味道的感觉。

颜色不但可以影响味觉、视觉感受,同样还会影响用户的情绪和认知,甚至影响用户对产品的信任度和忠诚度。所以,牵引颜色所带的情感,会对用户产生深远的影响。

其次,事物形象的大小也对大脑的影响发挥着重要的作用。有一项研究发现,让被试用小盘子盛食物,要比用大盘子盛食物少吃30%。而且无论被试吃的是什么,都会产生这样的效果。被试没有变,只是换了个小盘子,被试的食量就变小了。这就是盘子大小所带的情感,改变了被试对食物的感觉。我们在前文也说到,疫情期间超市的手纸容易遭到哄抢,与手纸的体积大有关。手纸体积大,货架上能摆放的数量少,被拿走几包,货架就会显得很空。而且一大包纸放在购车里所占的空间大,很显眼。这些都容易让人认为大家都在抢手纸。这就是手纸的大小,影响了用户对事物和局面的判断。

形象牵引情感的路径,对用户的影响是广泛的、直观的。如果能够精准地牵引其中的情感，可以产生事半功倍的效果。当然，如果使用不当也会对用户产生负面的影响。

由于我们是专业研究用户决策与消费行为的机构，所以我们公司的同事都形成了一种习惯。会经常分享彼此的一些购物心得。有一次，一位同事在网上买了一件纯羊毛的毛背心。收到快递后，他看了衣服一眼，就毫不犹豫地退掉了。同事们问其原因，他说："我一看到它就想到我们家地上铺的那块地垫，虽然这件背心是纯羊毛的，但它的纺织的工艺并不精细，那种粗糙感有点类似地垫的纺织工艺。我可不想有种整天披着一块地垫在街上走来走去的感觉。"这是用户将产品的形象与自己熟悉的某种事物的形象关联在一起，引发的负面情感。产品的形象设计非常重要，一不小心就会触及用户心中的雷区。所以，商家在设计产品形象的时候一定要努力避免唤醒用户的负面关联。

3. 因果路径：穿透式的情感牵引路径

系统控制专家霍华德·派帝认为大脑很喜欢寻找单一的可控因素，也就是单一的关联，因果关系就是这样的单一关联——控制了 A，就能得到 B 的结果。就好比很多人之所以不喝可乐，是因为在大脑中建立起了一种单一关联——可口可乐含糖高，糖会导致肥胖。就是这样一种因果路径让大脑抑制了喝可乐的渴望。

因果路径中存在两种关联方式，一种是正向的因果关联。一种是反向的因果关联。正向的因果关联是由因导果，比如，因为我加班了，所以我这个月的业绩会很好。反向的因果关联是由果推因，比如，我想要变瘦，所以我需要坚持晚餐只吃七分饱。我们既可以通过原因牵引结果，也可以通过结果牵引原因。

因果路径不像功能路径和形象路径，它可以直观地被感受到。因果路径更多是内在建立了一种因果联结。比如，有人告诉你睡觉就能变瘦，你一定会开玩笑地说："那一定是光睡觉什么也不吃饿瘦的。"你不相信，是因为你在变瘦与睡觉之间建立不起因果关联。因为在你看来大部分肥胖的人是因为长期不运动导致的，睡觉变瘦违背了因果逻辑。如果我告诉你，人在睡觉的时候，身体会产生"瘦素"，可以加快代谢以及抑制脂肪合成。这样一来你就会相信，因为这让你在睡觉与变瘦之间建立了因果关系——睡觉释放瘦素，瘦素加快代谢抑制脂肪合成，所以睡觉可以变瘦。其实，只要能在大脑中建立起因果关联，即使这种关联不是事实，大脑也会相信。

慕思寝具在2019年策划了慕思全球睡眠之旅的营销活动。活动邀请了篮球明星科比参加，科比在活动中提出了"睡得好，梦想才更伟大"的口号，就是在建立一种因果路径。其实，单从床垫与梦想来看，这两者之间没有任何关系，但是通过因果路径这种关系就能建立起来。睡慕思床垫，可以让你休息好，你休息好才能精力充沛地追求梦想、创造伟大的梦想。这其中，从床垫到睡好觉，从睡好觉再到创造伟大的梦想。就这样，小小的床垫与伟大的梦想关联了起来。因果路径是一种极具穿透性的情感牵引路径。它可以将毫不相关的两个事物所带的情感彼此牵引。因果路径可以穿透各种屏障，在事物之间任意牵引情感。也就是因果路径可以让"产品的手伸得很长"，产品抓住更多、更大的价值，从而让产品的价值倍增。这就是因果路径的优势，不管你拐几道弯，只要能把因果关系说圆了，路就修通了，情感和价值也就牵引过来了。如果没有因果路径，我们很难将床垫与伟大的梦想关联在一起，不是吗？

4. 时间路径：跨时空的情感牵引路径

对大脑来说时间是一种带有情感的符号。清晨往往与美好、开始、蓄势待发、信心满满、满血复活等正面的情感关联在一起。黄昏往往与结束、衰落、惨败等负面的情感关联在一起。不同的时间带有不同的情感，借助时间将事物与事物关联起来，也是一种实现情感牵引的重要路径。这就是时间路径。时间路径是一种跨时空的情感牵引路径。这种路径可以让你将不同时空中事物所带的情感，牵引到产品中来。这种路径可以打破时空对产品的局限，将时空中有利于产品和品牌的情感牵引过来。这样的情感牵引路径可以让产品或者品牌变得厚重和不可超越。

1981年，很多出生于这一年的人会感觉这一年很特别，对其有一种特别的情感。而2003年，经历过"非典"的人们也会对这一年有特别的情感。在时间的长河里，时间走过的每一个节点都发生着不同的事情，带着不同的情感。对于红酒来说，1982年是带着鲜明情感的一年。因为这一年法国的气候条件非常有利于葡萄的生长，这一年拉菲收获了最好的葡萄，酿造了世界一流的葡萄酒。1982年的拉菲成了葡萄酒历史上的经典，近几年已经炒到几十万元一瓶。这就是将产品与年份关联起来非常成功的案例，它充分利用这一个时间节点所带的情感，制造了红酒市场的传奇。

大脑看到与年份类似的数字，会习惯性地与年代关联起来。如果处理不当可能会让用户对产品产生负面的感觉。比如，有一个拼搭式玩具的品牌，将产品的型号用4位数字来编号，而且这4位数还很接近年代。比如2004、2009这样的产品型号。当用户看到这样的信息时，会自动将产品与年代关联起来，感觉这是2004年或者2009年生产的产品，又或者是这个年代设计开发的款式，给人一种很旧、很老的感觉。让用户误以为这些产品是商家清仓的存货。这就是产品编号的设计引发了大脑与时间年份的关联，并且这些类似于年份的数字不像1982那样带着鲜明的正面情感。那么，这对产品来说就是不利的。

大部分老字号品牌的核心关联都与时间关联在了一起。比如，全聚德、同仁堂、天福号等。漫长的时间就是它们的核心价值。但是漫长的时间并不一定只带着考究、传统、经久不衰等正面的情感，它也可能带着负面的情感，比如，落后、衰老等。在百事可乐与可口可乐的竞争中，百事可乐就曾利用时间关联的策略，打了可口可乐一个措手不及。

可口可乐是一个具有100多年历史的强大品牌，品牌漫长的历史是它们的强大优势。这一点让百事可乐这个后来者望尘莫及。于是，百事可乐就在漫长的时间这点上动起了脑筋，将这种强大的优势变成劣势。

百事可乐一经推出，就打着为新一代的年轻人量身打造的可乐的旗号，收买年轻人的心。它们的理念是年轻、有活力、积极向上。"保持年轻、美丽、愉快、亲和，来一瓶百事可乐！"这样的广告词激励着年轻人的购买欲望。百事可乐将自身与年轻人、新生力量关联起来，也给了年轻人提供了不喝可口可乐的一个理由。如果你继续喝可口可乐，就意味着你活得像个老人。这样的策略把可口可乐直接推到了过去，暗示可口可乐100年不改变配方，早已不适应现代人的口味，是个"老掉牙"的产品了，早就该被时代所淘汰。这样一来，使可口可乐的百年优势瞬间就变成了劣势，这其中只是将漫长的时间与落后、过去、淘汰关联了起来。结果是百事可乐一上市就销量火爆。

时间很多时候是个概念。但是，钟表是可以将时间量化和可视化的，一些聪明人就利用了时间的量化来成功地经营了一门生意。在俄罗斯有一家贩卖时间的超人气咖啡馆——表盘咖啡馆。

人们在咖啡厅里喝咖啡都有一种普遍的心理，就是既然我付了钱，我就能够在这里想待多久就待多久——试图让自己付出的价值最大化。还有一些人只是想在咖啡厅里休息，不买任何商品感觉不合适，买了又感觉多余。表盘咖啡馆的创始人伊万·米京正是发现了用户的这种心理，才决定开一家贩卖时间的咖啡馆。在表盘咖啡馆里按时间计费——进店的时候会给用户一个时钟，离店的时候会根据用户在店内停留的时间，按每小时 2.10 欧元结算费用。在店内只收取停留时间的钱，而其他食物、饮料、wifi 等全部免费。店内提供的高质量的食物和服务，吸引了大量的用户光顾。表盘咖啡馆现在已经开成连锁咖啡馆了。

这就是一个通过时间这条路径，将时间与产品关联起来的成功案例。时间不仅是过去的某个节点，它也是正在发生的事情。体验时间发生的过程，将时间发生的过程与产品关联起来，可以让人们更加具体地去感受在这段时间发生的事情。

虽然时间是个摸不到、看不见的东西，但是它也是情感的载体。采用巧妙的关联，既可成就一个产品，也可毁灭一个产品。要想运用好这些无形的武器，就要苦练"关联"这项内功。

5. 情绪路径：最直接的情感牵引路径

有研究人员针对脸书做过一项研究，他们通过过滤脸书中用户好友发的帖子，让用户只看到部分帖子。一部分用户只能看到那些比较消极的帖子，另一部分用户只能看到比较积极的帖子。以此来研究这些带有情绪的帖子对阅读者自己发文内容的影响。研究人员发现，如果让用户看的帖子是积极的内容，他们也会发布内容更加积极的帖子。如果用户看到的是消极的帖子，他们也会发布内容更加消极的帖子。这项研究证明了，情感是具有传染性的，我们所感知到的情绪会影响我们对事物的判断。

同样的道理，我们可以把某种正面情绪与产品、品牌和信息关联起来，从而影响用户对其的判断和态度。这其中牵引情绪有两种方式，一种是产品、品牌、信息本身带着正面的情绪，唤醒了用户的正面情绪，从而让大脑将产品与正面的情绪关联起来。像百事可乐、欢乐谷、喜之郎、娃哈哈、太太乐这些名字，从字面来看就带着正面的情绪。用户接触到这样的信息，大脑中的正面的情绪就会被启动，让用户认为这些产品和品牌能带给自己快乐。当用户需要快乐的时候，会优先选择它们。同时，当用户想要传递快乐的时候，也会优先选择它们。比如，在春节期间很多人会购买"旺旺大礼包"送孩子，就是在试图借助这种本身就带着快乐情绪的产品来传递快乐。

在迪士尼的一支广告中，一个小女孩穿上公主的裙子，会露出一脸的微笑；带上公主的皇冠，会露出一脸的微笑；穿上公主的靴子，会露出一脸的微笑……整个画面给人的感觉是迪士尼在带给她快乐，迪士尼能让她快乐。很多产品的广告中或者包装上会印有模特微笑、开心、心情舒畅的表情，这样做一方面是为了启动用户的正面情绪，另一方面是为了让用户将快乐与产品关联起来——它能带给自己快乐。借助情绪路径牵引正面的情绪，让用户感觉使用这样的产品是快乐的。

在消费者眼中，可口可乐品牌一直带有一种快乐的情感，这是因为可口可乐经常会开展一些活动，将用户快乐的情感牵引到产品中来。在一次营销活动中，它们在大学校区放置了一台自动售货机，为前来购物的学生免费送出一份惊喜，比如，免费的可乐或者鲜花、气球、面包等。售货机上隐藏的摄像机抓拍到了同学们惊喜欢笑的表情。可口可乐把用户这些欢乐的表情发到了网络上，引来了100万次的观看。通过这样的活动可口可乐将用户快乐的情绪与产品关联了起来，从而塑造了可口可乐所带的正面情感。

牵引情绪的另一种方法是，让用户带着正面的情绪去接触产品、品牌或者信息，这样用户带有的正面情绪就会牵引到产品和品牌中来。在一项研究中，研究人员要求被试先看一张高兴或难过的面部表情图片，图片的持续展示时间只有1/60秒，然后研究人员给他们喝一种"柠檬味饮料"。结果发现，看过高兴面孔的被试喝了更多饮料，而看过难过照片的被试并不想喝这种饮料。原因就在于高兴的照片启动了大脑的正面情绪，当被试带着这种正面的情绪去喝饮料时，正面的情绪牵引到了饮料中。人的心情变好了，所以喝了更多饮料。

果蔬好是我非常喜欢的一家果蔬超市，它为用户营造了一种愉悦舒心的购物环境。即便有些产品比别的超市贵一些，还是有很多顾客愿意在那里购买。

首先，这个超市的布局非常好。不仅货架与货架之间距离很宽敞，货架上摆放的货物还很充足且整齐。即便是那种立式货架的高度也保持在普通人的高度，让顾客站在货架前不用过度仰视就能将货架上的产品一览无余。整个超市的环境很干净，灯光很明亮，给人一种开阔舒畅的感觉，不像很多超市一进去就会给人一种压抑拥挤的感觉，让顾客恨不得马上拿好东西走人。

另外，货架上的产品都是人们精挑细选过的，大部分产品用盒子装好后被整整齐齐地摆在货架上。在那些需要包装和加工的水果展台前，超市会专门安排一位服务员根据顾客的需求为其打包省去顾客挑选的烦琐过程，让顾客感觉随便选哪一盒都是好的。

其次，服务员的服务态度非常好。店里所有的服务员只要从顾客身边走过，目光只要与顾客有交汇，都会微笑地点头向顾客问好，始终把"您好"挂在嘴边，始终都在等着解决顾客的问题。而且超市里的服务员也比较多，顾客抬头就能看到，想要咨询什么问题很方便。在这里，由于他们很热情，服务员随时都在顾客身边，顾客就会积极地咨询他们。服务员也会微笑着告诉顾客要找的产品在哪里。这里的服务员始终都把"有什么需要帮忙的吗？""这个要不要帮您切一下、包一下""您需要找什么产品"这样的话挂在嘴边。这样的购物氛围，会让顾客感觉心情愉悦，认为这里的产品品质比别的地方要好。因为顾客会将快乐的情绪牵引到产品中去，同样的道理，在这样愉悦的氛围中购物，顾客也会想要买更多的东西。

情绪路径是一种最直接的情感牵引路径。情绪路径可以非常直接地反映出产品或者品牌对用户的影响。用户对产品的感觉是直接表现在脸上的。用户对产品的情绪反应是用户态度的直接指标。这其中没有任何的间接成分，让人一目了然，作用一步到位。

6. 属性路径：针对性的情感牵引路径

属性是指事物所固有的某种性质。情感的牵引很多时候是有针对性及选择性的，只选择带有鲜明情感的部分特征或者属性来进行牵引。如果是全面牵引，很容易引起情感的混乱。因为任何事物都不是绝对好或者绝对坏的，也不是全部好或者全部坏的。比如，你想用兔子温顺可爱的属性，来体现产品安全可爱的一面。但是如果把兔子的整个属性都牵引到产品中来，就会变得危险。因为兔子还有胆小的一面，这样温柔、可爱、安全的情感关联就会无法建立起来。属性路径是一种针对性的情感牵引路径。这种路径可以只牵引某个事物中单一的、鲜明的情感，比如兔子的温顺。这样的路径可以很好地保持单一情感的鲜明程度，而不会因为事物的整体情感，让所要牵引的情感复杂和混乱。这也就是所谓的"用其所长"。

泰国有一款减肥药的广告非常有创意。广告中一个身材完美的模特说道："我之所以能有这么好的身材全是因为一个人。"说着便吃下了一粒白色胶囊。接下来的画面是在一条空旷的公路上，一粒超大号的胶囊里爬出一个警察，他一出来就拦下了前方驶来的一辆车，要对整车进行检查。当他发现车的后备厢中全是肥腻的猪肉时，他表示司机违反了规定要被抓起来。司机不服气，说自己从嘴巴中来要到肚子中去，这条路已经走了20多年，从来都没有问题。正当他们激烈争论的时候，一辆摩托车开了过来，警察上前毫不犹豫地将其拦下。摩托车司机说自己要去往大腿，这位司机什么都没带，可警察打开摩托车的油箱闻了闻说："摩托车油箱里有油，也不能通过。"两个司机听到这话后说警察一定是疯了，便问他是不是所有带油的东西都不能过去，警察非常肯定地说："对。"这时警察发现摩托车司机的脸油乎乎的，于是严肃地说："你的脸太油也不能过去。"这时一个司机问警察你到底是谁。警察回答说自己是壳聚糖，可以吸附食物中的多余油脂，来自一种减肥药。

这就是将警察忠于职守的职业特性，牵引到了减肥药中来。广告通过夸张搞笑的方式表达了其对油脂的严格管控，把警察忠于职守这一特性发挥到了极致，以此来体现减肥药对油脂的严格管控功能。如果真有这样一款减肥药，你还会担心自己吃得太油吗？还会怕自己吃胖吗？当然不会，因为有"人"在帮你严格把控。这是一个非常精彩的借助事物的某种特性来体现产品功能的广告创意，该广告也成功地将这种特性所带的情感牵引到产品中来。

7. 意义普及：是有效牵引情感的必经之路

事物所带的情感是由意义决定的。比如，漫长的时间被赋予老套、落后的意义，就带有了负面的情感，而被赋予了考究、专注、传统的意义，就带有了正面的情感。无论事物与事物关联起来是采取了什么路径，这背后都是通过意义在牵引情感，都是在做情感关联。因此，情感关联能不能建立起来取决于意义的普及，或者说是认知普及。意义普及是要普及用户的认知，让用户理解其中的意义。只有用户理解了信息中的意义，才能提取其中的情感。所以，任何的关联路径都是意义先行的，意义到了，路径也就修通了，情感自然就会传送过去。

意义普及最有力的方式就是讲故事。故事的最大作用就是普及认知，赋予意义，传递情感。

下载工具"迅雷"之所以叫迅雷，是因为迅雷这个词代表着速度特别快的雷电，暗指其下载速度像闪电一样快。迅雷用蜂鸟作为

Logo，也是因为蜂鸟在飞翔时翅膀拍动的速度非常快，可以达到每秒 50 次以上。这也是在借助事物背后的意义来暗指其下载速度快，将事物背后的意义牵引到产品上来，让产品带上与其一致的情感。但是，有多少人知道蜂鸟这个符号背后所代表的这种意义呢？我们在将产品、品牌与其他事物建立关联的时候，一定要意识到这一点——事物的意义是否存在普遍认知，如果不存在，就要通过故事去普及其背后的意义。普遍认知是情感牵引的前提条件，不然我们就只是在自说自话，用户感受不到，这是情感牵引中最大的误区。

丹麦有一个有机乳制品的品牌，在刚进入中国市场的时候，消费者对其非常的陌生。为了提升品牌知名度，企业进行了一系列线下及线上推广的营销活动。活动的核心是提升消费者对"有机"这个概念的认知，从而唤醒消费者对天然、健康、无添加"有机生活"方式的追求。它们打造了一个线下快闪店——丹麦有机生活研究所。那里不仅有超长的电子互动大屏，参观者只要触摸屏幕，就可以与奶牛互动；还有逼真的奶牛道具和仿生草地，充分还原出丹麦原汁原味的牧场生活。整个活动全面地展示了牛奶产生的全过程，让消费者切身体验和感受到了品牌的"有机"概念。其实，商家所做的大部分营销活动、广告宣传等，最核心的功能就是普及认知。通过为消费者普及"有机乳制品"的认知，从而让消费者真正感受到产品所带的情感。如果只是在产品包装上标注"有机"，就会步入误区——你认为产品带感了，但消费者感觉不到。

如果一个品牌、产品的名字不能直观地带上某种情感，比如，妈妈壹选，娃哈哈等是直观地带着一种正面的情感。用户就无法通过一个名字对一个人、一个产品或品牌产生某种情感。这就需要你通过讲故事这一方式为这个名字赋予意义，让一个名字带上情感，从而让一个人或产品带上某种情感。以我的名字为例,"程志良"这三个字,本身并不带有鲜明的情感。如果我告诉你这个名字的由来——对你进行意义普及,你马上就会记住这个名字,对其产生好感。

我的父亲之所以为我取这个名字,是希望我立志成为像张良那样的人,张良被尊称为谋圣,他与韩信、萧何并称为"汉初三杰"。汉高祖刘邦给了张良很高的评价,说张良是:"夫运筹策帷帐之中,决胜于千里之外,吾不如子房(张良字子房)。"意思是张良坐在军帐中运用计谋,就能决定千里之外战斗的胜利,所以张良就是"运筹策帷帐之中,决胜于千里之外"的代名词。父亲希望我能有这样的品质,这就是我的名字的由来。听完这个故事你马上就会对我的名字产生一种正面的情感,与"夫运筹策帷帐之中,决胜于千里之外"这样的品质关联起来。

360集团创始人、CEO周鸿祎也曾讲过一个关于他名字的故事。他说有人问他为什么总是穿一件红色的上衣,他回答这样穿是为了让别人记住自己的名字。很多人把他的名字叫成"周鸿伟",他总穿红色的衣服,就是为了让别人通过"红衣"的谐音,记住"周鸿祎"。很多人把"祎"这个字念成"伟",是周鸿祎经常遇到的尴尬局面。为了给大家普及对这个名字的认知,他就讲了关于这个名字的故事,从此以后就不会有那么多人叫错他的名字了。同时,这个名字与红色关联在一起,也带上了某种积极正面的情感。这就是讲故事的魅力所在。

讲故事是对认知普及最好的方法,也是最佳的情感化的过程。讲故事就是为了普及认知,普及意义。当然,你首先要知道自己想要传达怎样的情感,才能明确普及怎样的意义。只有明白了讲故事本身的意义,你才能高效地讲故事。